Paul Morphy oder Bobby Fischer - wer war das grössere Schachgenie?

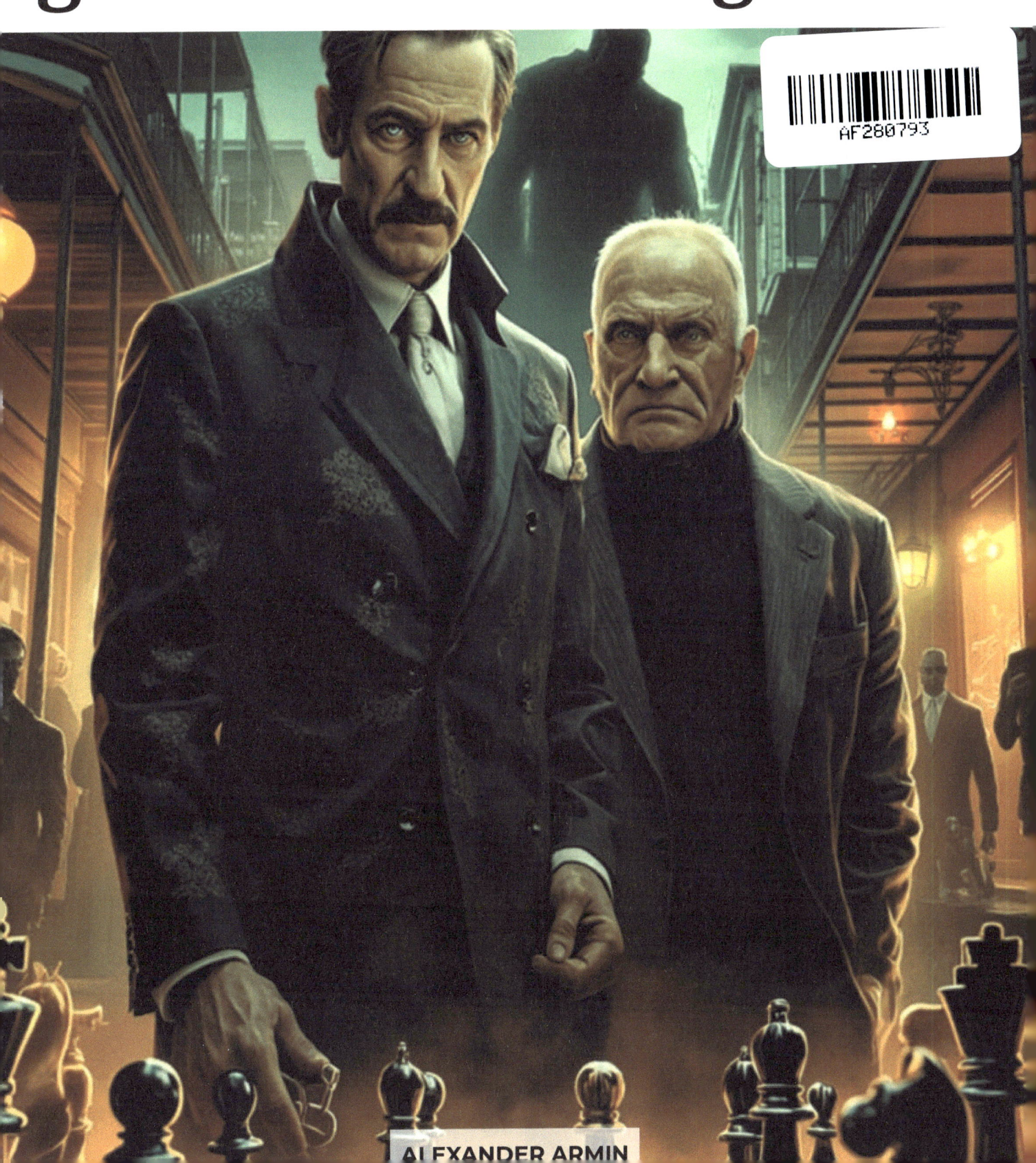

ALEXANDER ARMIN

INHALTSVERZEICHNIS

1
Der Aufstieg eines Schachgenies

1.1 Paul Morphy: Das Wunderkind von New Orleans

In den pulsierenden Gassen von New Orleans, wo die Melodien des Jazz und das fröhliche Lachen der Menschen die Atmosphäre durchdrangen, entfaltete sich ein außergewöhnliches Talent. Paul Morphy, ein Junge mit strahlenden Augen und einem unstillbaren Wissensdurst, war nicht nur ein Kind seiner Epoche, sondern auch ein Wunderkind, das die Schachwelt auf den Kopf stellen sollte. Schon in frühen Jahren offenbarte er eine bemerkenswerte Begabung für das Spiel, das bald seine Umgebung in seinen Bann ziehen würde.

Die prächtigen Villen und geschäftigen Märkte der Stadt dienten nicht nur als Kulisse für seine Kindheit, sondern waren auch Quellen der Inspiration, die seine Leidenschaft für das Schachspiel entfachten. Morphys Eltern, beide gebildet und wohlhabend, unterstützten seine Talente, indem sie ihm Zugang zu den besten Lehrern und Ressourcen ermöglichten. Die Schachbretter, die in den Wohnzimmern seiner Familie standen, wurden zu Schauplätzen seiner ersten strategischen Auseinandersetzungen. Hier lernte er nicht nur die Regeln des Spiels, sondern auch die Kunst der Strategie und des Vorausdenkens.

Doch das Aufwachsen in einer Stadt, die sowohl kulturelle Vielfalt als auch soziale Spannungen bot, stellte Morphy vor Herausforderungen, die seinen Charakter prägten. Die Erwartungen, die an ihn gerichtet waren, waren hoch; als Sohn einer angesehenen Familie spürte er den Druck, nicht nur zu glänzen, sondern auch zu siegen. Diese Erwartungen wurden zur treibenden Kraft hinter seinem Ehrgeiz. Jedes verlorene Spiel, jede Niederlage wurde zu einem Ansporn, sich weiterzuentwickeln und zu wachsen.

Seine ersten Turniere waren geprägt von Nervosität und Aufregung. Mit zitternden Händen und einem klopfenden Herzen setzte er sich an das Schachbrett, um gegen ältere und erfahrenere Spieler anzutreten. Die ersten Male, als er gegen die Besten der Stadt spielte, waren sowohl Herausforderung als auch Lektion. Morphy erkannte schnell, dass Schach mehr war als nur ein Spiel; es war ein Kampf um Ehre und Respekt. Seine Fähigkeit, in die Gedanken seiner Gegner einzutauchen, machte ihn zu einem gefürchteten Spieler. Er entwickelte einen Spielstil, der sowohl aggressiv als auch kreativ war, und begann, die Regeln des Schachs zu hinterfragen.

Die Atmosphäre in den Turniersälen war elektrisierend. Spieler aus verschiedenen Gesellschaftsschichten versammelten sich, um ihre Fähigkeiten zu messen. Morphy fühlte sich oft wie ein Außenseiter, doch gerade diese Position motivierte ihn, sich noch mehr anzustrengen. Während andere Spieler in ihrer Routine gefangen waren, brachte Morphy frischen Wind in die Schachwelt. Seine Züge waren oft unorthodox, und er scheute sich nicht, Risiken einzugehen. Dies führte nicht nur zu Siegen, sondern auch zu einer wachsenden Fangemeinde, die seine Fortschritte mit Spannung verfolgte.

Die Herausforderungen, die er während dieser frühen Jahre erlebte, formten nicht nur seine Fähigkeiten am Schachbrett, sondern auch seinen Charakter. Morphy lernte, mit Druck umzugehen und sich selbst zu motivieren. Die schmerzlichen Niederlagen, die er einstecken musste, lehrten ihn Demut und die Bedeutung von Durchhaltevermögen. In den stillen Momenten nach einem verlorenen Spiel reflektierte er über seine Entscheidungen und suchte nach Wegen, sich zu verbessern. Diese Selbstreflexion wurde zu einem zentralen Bestandteil seines Werdegangs.

Sein unermüdlicher Antrieb, die Schachwelt zu erobern, führte ihn schließlich zu größeren Herausforderungen. Als er älter wurde, begannen die Gerüchte über seine außergewöhnlichen Fähigkeiten, die Runde zu machen. Spieler aus anderen Städten und Ländern begannen, ihn herauszufordern, und Morphy wusste, dass er bereit war, sich diesen Herausforderungen zu stellen. Er war fest entschlossen, nicht nur als Spieler, sondern auch als Innovator im Schachspiel anerkannt zu werden.

Die ersten großen Turniere, an denen er teilnahm, waren sowohl aufregend als auch furchteinflößend. Die Konkurrenz war stark, und jeder Zug konnte über Sieg oder Niederlage entscheiden. Doch Morphy war bereit. Mit jedem Spiel, das er gewann, festigte er seinen Ruf als das Wunderkind von New Orleans. Die Schachwelt hatte einen neuen Stern geboren, und die kommenden Jahre sollten zeigen, wie weit sein Talent ihn führen würde.

1.2 Die ersten Schritte auf dem Schachbrett

In den schummrigen Räumen des kleinen Schachclubs in New Orleans, wo der Geruch von Tabak die Luft erfüllte und die gedämpften Stimmen der Spieler eine Atmosphäre der Konzentration erzeugten, begann Paul Morphy, seine ersten Schritte als Schachspieler zu machen. Dieser Ort war nicht nur ein Raum für strategische Züge, sondern auch ein Ort, an dem er seine Leidenschaft für das Spiel entdeckte. Zwischen abgenutzten Schachbrettern und leeren Gläsern lernte er die Grundlagen des Spiels, die weit über die bloßen Züge hinausgingen.

Samuel Duval, ein erfahrener Spieler und Morphys Mentor, wurde zu einer zentralen Figur in seinem Leben. Duval erkannte schnell das außergewöhnliche Talent des jungen Morphy und nahm ihn unter seine Fittiche. Ihre Treffen waren geprägt von intensiven Diskussionen über Strategien und Taktiken. Duval vermittelte Morphy nicht nur die Regeln des Spiels, sondern auch die Kunst des Schachdenkens. "Jeder Zug ist ein Schritt in die Zukunft", pflegte Duval zu sagen, während er Morphy dazu ermutigte, über den nächsten Zug hinauszudenken.

Die ersten Erfolge ließen nicht lange auf sich warten. Morphy gewann seine ersten Partien gegen lokale Spieler, und sein Ruf als Wunderkind verbreitete sich schnell. Doch mit dem Ruhm kamen auch die Erwartungen. Morphy spürte den Druck, nicht nur zu gewinnen, sondern auch zu brillieren. Die Konkurrenz wurde härter, und die Rivalität mit anderen talentierten Spielern wuchs. Diese Rivalität war nicht nur eine Herausforderung, sondern auch eine Quelle der Motivation. Morphy wollte nicht nur der Beste sein; er wollte die Schachwelt revolutionieren.

Doch der Weg zum Ruhm war nicht ohne Rückschläge. In einem entscheidenden Turnier gegen einen erfahrenen Gegner verlor Morphy unerwartet. Der Schock über die Niederlage traf ihn hart. Er saß allein in seinem Zimmer, umgeben von Schachbüchern und Notizen, und stellte sich die Frage, ob er den Druck und die Erwartungen, die auf ihm lasteten, wirklich bewältigen konnte. In dieser dunklen Stunde war es Samuel Duval, der ihm den Mut gab, weiterzumachen. "Jede Niederlage ist eine Lektion", sagte Duval mit sanfter Stimme. "Lerne daraus und wachse."

Diese Worte hallten in Morphys Kopf wider, während er sich entschloss, seine Strategie zu überdenken. Er begann, seine Spiele zu analysieren, Züge zu hinterfragen und neue Ansätze zu entwickeln. Die emotionale Unterstützung von Duval half ihm, seine Zweifel zu überwinden und seine Leidenschaft für das Schachspiel neu zu entfachen. Morphy verstand, dass der Schlüssel zum Erfolg nicht nur im Gewinnen lag, sondern auch im ständigen Lernen und Wachsen.

Seine Interaktionen mit anderen Spielern wurden ebenfalls intensiver. Morphy fand sich oft in hitzigen Diskussionen über Taktiken und Strategien wieder. Diese Gespräche förderten nicht nur seine Fähigkeiten, sondern auch seine Fähigkeit, mit Kritik umzugehen. Er lernte, dass Rivalität nicht nur ein Hindernis, sondern auch eine Quelle der Inspiration sein konnte. Die Spieler, die einst seine Gegner waren, wurden zu seinen Lehrmeistern, und jeder Wettkampf wurde zu einer Gelegenheit, sich selbst herauszufordern.

Die Atmosphäre des 19. Jahrhunderts, geprägt von Ehrgeiz und dem Streben nach Exzellenz, beeinflusste Morphys Entwicklung. Er fühlte sich wie ein Teil einer größeren Bewegung, die das Schachspiel neu definierte. Seine Visionen eines revolutionären Schachspiels begannen Gestalt anzunehmen, und er träumte davon, die Grenzen des Spiels zu erweitern. Diese Träume wurden von der Leidenschaft genährt, die in jedem seiner Züge pulsierte.

Als Morphy schließlich zu einem der gefragtesten Spieler der Stadt wurde, war er sich der Verantwortung bewusst, die mit seinem Ruhm einherging. Er wusste, dass er nicht nur für sich selbst spielte, sondern auch für die Schachgemeinschaft, die ihn unterstützt hatte. Mit jedem Spiel, das er gewann, wuchs seine Entschlossenheit, das Spiel zu revolutionieren und seine Visionen in die Tat umzusetzen. Die Herausforderungen, die vor ihm lagen, waren zahlreich, aber Morphy war bereit, sie anzunehmen.

Sein Aufstieg war geprägt von Rückschlägen und Erfolgen, die seine Leidenschaft für das Schachspiel weiter anheizten. Morphy war entschlossen, nicht nur ein Meister am Brett zu werden, sondern auch ein Pionier, der die Zukunft des Schachs mitgestalten würde. In diesem Moment der Selbstreflexion erkannte er, dass der wahre Sieg nicht nur im Gewinnen lag, sondern auch im Streben nach persönlichem Wachstum und der Fähigkeit, aus jeder Erfahrung zu lernen.

1.3 Visionen eines revolutionären Schachspiels

In der gedämpften Atmosphäre seines Zimmers, umhüllt von den Geistern vergangener Zeiten und dem flüchtigen Glanz der Gegenwart, saß Paul Morphy vor seinem Schachbrett. Jeder seiner Züge war nicht bloß ein taktischer Schritt im Spiel, sondern auch ein Spiegel seiner tiefsten Überzeugungen. Für ihn war Schach weit mehr als ein Wettkampf; es stellte eine Kunstform dar, die die Seele des Menschen widerspiegelte. Das Brett betrachtete er als eine Leinwand, auf der er seine Ideen und Visionen entfaltete, wobei jede Figur einen Pinselstrich darstellte, der die Dynamik seines Denkens verkörperte.

Die traditionellen Spielweisen, die ihn umgaben, erschienen ihm oft wie Ketten, die ihn daran hinderten, sein volles Potenzial zu entfalten. Morphy begann, die Konventionen in Frage zu stellen, die das Schachspiel über Jahrhunderte prägten. Er wagte es, mit neuen Strategien zu experimentieren, die sowohl seine Gegner als auch die Zuschauer in Staunen versetzten. Die Synthese aus aggressivem Spielstil und kreativen Zügen brachte ihm nicht nur Siege, sondern auch den Respekt seiner Mitspieler. Doch je mehr er sich von den Erwartungen der Schachgemeinschaft entfernte, desto intensiver tobte der innere Konflikt in ihm.

Der Drang nach Ruhm und Anerkennung war unübersehbar. Morphy spürte den Druck, der auf seinen Schultern lastete, während er sich in der Schachwelt einen Namen machen wollte. Die Stimmen seiner Kritiker und Bewunderer vermischten sich in seinem Kopf, während er versuchte, den schmalen Grat zwischen persönlichem Ehrgeiz und den Erwartungen seiner Umgebung zu balancieren. Oft fragte er sich, ob er bereit war, alles zu opfern, um an die Spitze zu gelangen. Die ständige Suche nach dem perfekten Zug, der ihn zum Meister machen würde, führte ihn in die tiefsten Abgründe seiner eigenen Psyche.

In den Nächten, in denen er allein am Schachbrett saß, träumte Morphy von großen Schlachten, von Duellen, die in die Geschichte eingehen würden. Doch diese Träume waren oft von einer nagenden Angst begleitet – der Angst, dass seine Visionen nicht ausreichen würden, um die Herzen der Menschen zu gewinnen. Er stellte sich vor, wie er eines Tages auf dem Höhepunkt seiner Karriere stehen würde, umgeben von den besten Spielern der Welt, und doch fühlte er sich innerlich leer. Der Gedanke, dass seine Leidenschaft für das Spiel ihn möglicherweise von den Menschen entfremden könnte, die ihm am nächsten standen, nagte an ihm.

Sein Mentor Samuel Duval war sich dieser inneren Kämpfe bewusst. Duval hatte Morphy nicht nur die technischen Aspekte des Spiels beigebracht, sondern auch die Bedeutung von Emotionen und menschlichen Beziehungen im Schach. Er ermutigte Morphy, seine Kreativität auszuleben, während er gleichzeitig die Gefahren der Einsamkeit und des übermäßigen Ehrgeizes ansprach. "Schach ist wie das Leben, Paul", sagte Duval oft. "Es geht nicht nur darum, zu gewinnen, sondern auch darum, die Menschen um dich herum zu verstehen und zu respektieren." Diese Worte hallten in Morphys Kopf wider, während er an seinen nächsten Zügen feilte.

Doch die Herausforderung, die vor ihm lag, war größer als alles, was er bisher erlebt hatte. Die Schattenzüge, eine geheimnisvolle Organisation, die im Hintergrund agierte, hatten ihre eigenen Pläne für ihn. Morphy spürte, dass sie seine Ambitionen manipulierten, um ihre eigenen Ziele zu erreichen. Diese Erkenntnis verstärkte seinen inneren Konflikt: Sollte er sich gegen die Erwartungen der Schattenzüge auflehnen und seinen eigenen Weg gehen, oder sollte er sich anpassen, um in der brutalen Welt des Schachs zu überleben?

Mit einem tiefen Atemzug wandte sich Morphy erneut dem Schachbrett zu. In diesem Moment wurde ihm klar, dass seine Visionen nicht nur für ihn selbst, sondern auch für die Zukunft des Schachspiels von Bedeutung waren. Er wollte nicht nur der beste Spieler sein, sondern auch die Art und Weise, wie das Spiel gespielt wurde, revolutionieren. Sein Geist war ein Feuerwerk aus Ideen, und während er seine Figuren bewegte, spürte er, dass er bereit war, die Herausforderungen anzunehmen, die auf ihn warteten.

Das Kapitel schloss mit einem Gefühl der Entschlossenheit und Vorfreude auf das, was kommen würde. Morphy wusste, dass der Weg vor ihm steinig sein würde, aber er war bereit, für seine Visionen zu kämpfen. Die Schattenzüge mochten im Hintergrund lauern, aber er war entschlossen, sein Schicksal selbst in die Hand zu nehmen und das Schachspiel in eine neue Ära zu führen.

2
Die Schattenzüge entfalten sich

2.1 Die geheime Macht hinter den Kulissen

In der schimmernden Dunkelheit der Schachwelt, wo jeder Zug über Ruhm oder Schande entscheidet, agiert eine geheimnisvolle Organisation, die im Verborgenen die Fäden zieht: "Die Schattenzüge". Ihre Präsenz ist subtil, doch ihre Auswirkungen sind tiefgreifend und durchdringen jede Facette des Spiels. Diese Organisation verfolgt das Ziel, die Schicksale der Schachspieler zu manipulieren, um ihre eigenen Interessen durchzusetzen. Im Zentrum dieser Machenschaften steht Helena von Wirth, eine Frau von außergewöhnlicher Intelligenz und manipulativer Raffinesse.

Helena, mit ihrem langen, dunklen Haar und den durchdringenden grünen Augen, ist nicht nur die Anführerin der Schattenzüge, sondern auch eine Meisterin der Täuschung. Ihre Fähigkeiten, Menschen zu lesen und ihre Schwächen auszunutzen, machen sie zu einer gefürchteten Figur in der Schachwelt. Sie versteht es, die Ambitionen der Spieler gegen sie zu verwenden, und während Paul Morphy und Bobby Fischer sich auf ihre Kämpfe konzentrieren, plant sie im Hintergrund bereits die nächsten Schritte ihrer Strategie.

Die Schattenzüge operieren wie ein schattenhaftes Netzwerk, das aus verschiedenen Mitgliedern besteht, die in der Schachszene gut vernetzt sind. Sie beobachten die Spieler, analysieren ihre Stärken und Schwächen und setzen gezielte Manipulationen ein, um die Ergebnisse von Turnieren zu beeinflussen. Diese Machenschaften schaffen eine Atmosphäre der Unsicherheit, in der kein Spieler sicher sein kann, ob er wirklich gegen seinen Gegner oder gegen die unsichtbaren Hände der Schattenzüge spielt.

Ein Beispiel für ihre Intrigen zeigt sich in einem bevorstehenden Turnier, bei dem sowohl Morphy als auch Fischer antreten werden. Während die beiden Spieler sich auf ihre Partien vorbereiten, hat Helena bereits ihre eigenen Pläne geschmiedet. Sie weiß, dass die Rivalität zwischen den beiden Männern nicht nur um den Titel des Weltmeisters geht, sondern auch um die Kontrolle über die Schachwelt selbst. Mit einem strategischen Schachzug plant sie, Morphy und Fischer gegeneinander auszuspielen, indem sie Gerüchte streut und Misstrauen sät.

"Die Schattenzüge" sind nicht nur eine Organisation; sie sind ein Symbol für die dunkle Seite des Schachs, die oft übersehen wird. Ihre Methoden sind perfide und reichen von psychologischen Manipulationen bis hin zu direkten Eingriffen in die Spiele. Sie nutzen alles, was ihnen zur Verfügung steht, um ihre Ziele zu erreichen. Helena ist dabei die Schlüsselfigur, die mit ihrem Charisma und ihrer Intelligenz die Mitglieder der Schattenzüge anführt und sie dazu bringt, ihre eigenen moralischen Grenzen zu überschreiten.

Doch was treibt Helena an? Ihr unstillbarer Durst nach Macht und Kontrolle über die Schachwelt ist unübersehbar. In ihren Augen blitzt eine Entschlossenheit auf, die darauf hindeutet, dass sie bereit ist, alles zu opfern, um ihre Ziele zu erreichen. Ihre Vergangenheit ist geprägt von Verlust und Verrat, was sie zu der manipulativen Figur gemacht hat, die sie heute ist. Sie sieht das Schachspiel nicht nur als Wettkampf, sondern als ein Spiel um Leben und Tod, in dem sie die Fäden in der Hand hält.

Die Atmosphäre, die die Schattenzüge umgibt, ist von Geheimnissen und Intrigen durchzogen. Jeder Spieler, der in diese Welt eintaucht, muss sich der Tatsache stellen, dass er möglicherweise Teil eines viel größeren Spiels ist, als er es sich je hätte vorstellen können. Die Schachfiguren auf dem Brett sind nicht nur Holzstücke; sie sind Stellvertreter für die Hoffnungen und Träume der Spieler, die von den Schattenzügen manipuliert werden.

Als die ersten Züge in diesem Spiel um Macht und Kontrolle gemacht werden, wird klar, dass die Schattenzüge nicht nur die Schachwelt beeinflussen, sondern auch die Schicksale der Spieler in ihren Händen halten. Die Dunkelheit, die sie umgibt, wirft einen langen Schatten auf die Zukunft des Schachs, und die Frage bleibt: Wer wird letztendlich die Oberhand gewinnen? Morphy und Fischer müssen sich nicht nur ihren persönlichen Dämonen stellen, sondern auch den unsichtbaren Gegnern, die im Hintergrund agieren.

So entfaltet sich die Geschichte der Schattenzüge, eine Geschichte von Macht, Manipulation und dem unaufhörlichen Streben nach Kontrolle. Während die Spieler sich auf ihre Partien vorbereiten, beginnt das wahre Spiel im Schatten – ein Spiel, das weit über das Schachbrett hinausgeht und die Seelen der Spieler in Mitleidenschaft zieht.

2.2 Helena von Wirth: Ambitionen ohne Grenzen

Helena von Wirth, die charismatische Anführerin der geheimnisvollen Organisation "Die Schattenzüge", ist eine Figur, die in der Schachwelt sowohl Bewunderung als auch Furcht hervorruft. Ihre unstillbare Gier nach Macht und Einfluss hat sie zu einer Meisterin der Manipulation gemacht, deren Ambitionen keine Grenzen kennen. Doch hinter ihrer strahlenden Fassade verbirgt sich eine komplexe Vergangenheit, die ihre gegenwärtigen Entscheidungen und Beziehungen prägt.

In einer wohlhabenden Familie in Europa geboren, sah sich Helena von klein auf den drückenden Erwartungen gegenüber, die das Erbe ihrer Familie mit sich brachte. Ihr Vater, ein angesehener Diplomat, hatte große Pläne für sie, die jedoch nie mit ihren eigenen Wünschen übereinstimmten. Stattdessen entdeckte sie früh ihre Leidenschaft für das Schachspiel, das für sie mehr war als nur ein Spiel – es war ein Weg, Kontrolle über ihr Leben zu gewinnen. Während andere Mädchen in ihrem Alter mit Puppen spielten, studierte Helena die Strategien großer Meister und entwickelte ein Gespür für das Spiel, das sie bald über die Grenzen hinausführen sollte.

Die Entscheidung, sich der Organisation "Die Schattenzüge" anzuschließen, war für Helena sowohl ein Wendepunkt als auch eine Flucht. Hier fand sie nicht nur Gleichgesinnte, sondern auch die Möglichkeit, ihre Machtambitionen auszuleben. In der Organisation konnte sie ihre strategischen Fähigkeiten perfektionieren und lernte, wie man Menschen manipuliert, um ihre Ziele zu erreichen. Die Schattenzüge wurden für sie zu einem Instrument, um die Schachwelt nach ihren Vorstellungen zu formen. Doch mit dieser Macht kamen auch die Schatten ihrer Entscheidungen, die sie nicht ignorieren konnte.

Helena sieht in Paul Morphy und Bobby Fischer nicht nur talentierte Spieler, sondern auch Werkzeuge, die sie nutzen kann, um ihre eigenen Interessen durchzusetzen. Ihre Beziehung zu Morphy ist besonders komplex; sie bewundert sein Talent und seine Leidenschaft, sieht in ihm jedoch auch eine Bedrohung für ihre Kontrolle. Während sie versucht, ihn zu beeinflussen und in die von ihr gewünschte Richtung zu lenken, spürt sie gleichzeitig, dass sein unermüdlicher Ehrgeiz und seine Unabhängigkeit sie herausfordern. Es ist ein ständiges Spiel aus Anziehung und Abstoßung, in dem Helena die Oberhand behalten möchte, ohne sich selbst zu verlieren.

Fischer hingegen stellt für Helena eine andere Art von Herausforderung dar. Sein innerer Kampf mit Einsamkeit und seinen Dämonen ist für sie sowohl faszinierend als auch beunruhigend. Sie erkennt, dass seine Unsicherheiten und Ängste ihn anfällig machen, aber auch eine Quelle der Stärke darstellen können. In ihrem Bestreben, ihn zu manipulieren, beginnt sie, die feinen Linien zwischen Kontrolle und Einfluss zu überschreiten. Die Dynamik zwischen ihnen wird zu einem gefährlichen Spiel, in dem Helena immer darauf bedacht ist, die Oberhand zu behalten, während sie gleichzeitig versucht, Fischers Vertrauen zu gewinnen.

Die Spannung zwischen Helena, Morphy und Fischer ist spürbar, während jeder von ihnen seine eigenen Ziele verfolgt. Helena ist sich bewusst, dass ihre Manipulationen nicht ohne Konsequenzen bleiben werden. Sie spielt mit dem Feuer, indem sie die Schicksale zweier außergewöhnlicher Schachspieler in ihren Händen hält. Doch je tiefer sie in die Intrigen verwickelt wird, desto mehr muss sie sich fragen, ob sie die Kontrolle wirklich hat oder ob sie selbst ein Spielball ihrer eigenen Ambitionen geworden ist.

Inmitten dieser komplexen Beziehungen wird Helena zunehmend klar, dass Macht nicht nur ein Mittel zum Zweck ist, sondern auch eine Last, die schwer zu tragen ist. Ihre Entscheidungen haben weitreichende Folgen, nicht nur für Morphy und Fischer, sondern auch für sie selbst. Die Leser werden Zeugen eines Spiels, das weit über das Schachbrett hinausgeht, in dem jede Bewegung und jede Entscheidung das Potenzial hat, alles zu verändern. Helena von Wirth steht an einem Scheideweg, an dem sie entscheiden muss, wie weit sie bereit ist zu gehen, um ihre Ambitionen zu verwirklichen, und welche Teile ihrer Seele sie dafür opfern wird.

2.3 Ein Spiel um Ruhm und Macht

Ein elektrisierendes Prickeln durchzog den Raum, als Paul Morphy und Bobby Fischer in der schummrigen Ecke des Turniersaals aufeinandertrafen. Jeder Blick, jede Geste war durchdrungen von einer Rivalität, die nicht nur ihre Schachkünste, sondern auch die tiefsten Abgründe ihrer Seelen auf die Probe stellte. Die Schattenzüge, diese geheimnisvolle Organisation, hatten ihre Fäden so geschickt gesponnen, dass sie die beiden Spieler gegeneinander ausspielten, als wären sie nichts weiter als Figuren auf einem riesigen Schachbrett.

Der Druck lastete schwer auf Paul. Sein unermüdlicher Ehrgeiz, die Erwartungen seiner Mentoren und die Hoffnungen seiner Heimatstadt New Orleans trieben ihn voran. Doch je näher das entscheidende Duell rückte, desto mehr nagten Zweifel an ihm. War es wirklich der Ruhm, den er suchte, oder war es die Anerkennung, die ihm immer entglitt? In seinen Gedanken hallten die Worte seines Mentors Samuel Duval wider: "Echte Größe kommt nicht nur durch Siege, sondern auch durch die Art, wie wir unsere Niederlagen annehmen."

Währenddessen kämpfte Bobby Fischer mit seinen eigenen inneren Dämonen. Die Einsamkeit hatte ihn fest im Griff, ein ständiger Begleiter, der ihn an den Rand des Wahnsinns trieb. Die Schattenzüge hatten seine Ängste erkannt und genutzt, um ihn zu manipulieren. In den stillen Momenten vor dem Spiel dachte er an Mira Takagi, die talentierte Schachspielerin, die ihm nicht nur strategische Einsichten, sondern auch eine Flucht aus seiner Isolation bot. Doch konnte er ihr wirklich vertrauen? Oder war sie Teil des Spiels, das die Schattenzüge orchestrierten?

Als die Uhr tickte und die Zuschauer gespannt auf das bevorstehende Duell warteten, wurde die Atmosphäre elektrisch. Helena von Wirth, die skrupellose Anführerin der Schattenzüge, beobachtete alles aus dem Hintergrund. Ihr Lächeln war kalt, während sie die Kontrolle über das Geschehen behielt. Sie wusste, dass der Ausgang dieses Spiels nicht nur die Karrieren der beiden Männer beeinflussen würde, sondern auch ihre eigenen Ambitionen vorantreiben könnte. Ihre Manipulationen hatten bereits die Schicksale vieler Spieler in der Vergangenheit bestimmt, und nun war es an der Zeit, Morphy und Fischer in einen finalen Konflikt zu treiben.

Die ersten Züge wurden gemacht, und jeder Spieler schien die Stille um sich herum auszublenden. Paul konzentrierte sich auf das Brett, doch seine Gedanken drifteten ab. Er erinnerte sich an die Straßen von New Orleans, an die Menschen, die an ihn glaubten, und an die Träume, die er verwirklichen wollte. Doch die Schattenzüge hatten bereits ihre Pläne geschmiedet. Sie hatten Informationen über Pauls Schwächen gesammelt und wussten, wie sie ihn aus dem Gleichgewicht bringen konnten. Mit jedem Zug, den er machte, fühlte er sich mehr und mehr beobachtet, als ob unsichtbare Augen jeden seiner Schritte verfolgten.

Bobby hingegen kämpfte gegen die lähmende Einsamkeit an, die ihn umhüllte wie ein dichter Nebel. Er versuchte, sich auf das Spiel zu konzentrieren, doch die Stimmen in seinem Kopf wurden lauter. Erinnerungen an vergangene Niederlagen, an die Einsamkeit, die ihn umgab, drängten sich in den Vordergrund. Er musste sich entscheiden: Würde er die Herausforderung annehmen und gegen die Schattenzüge kämpfen, oder würde er sich erneut zurückziehen und die Kontrolle über sein Schicksal verlieren?

Die Partie nahm an Intensität zu, als beide Spieler ihre Strategien entfalten. Paul setzte auf aggressive Angriffe, während Bobby defensive Züge machte, die seine Unsicherheiten verbargen. Doch die Schattenzüge waren nicht untätig geblieben. Sie hatten bereits begonnen, ihre nächsten Schritte zu planen, um die beiden Rivalen gegeneinander auszuspielen. In diesem Moment der Eskalation standen Morphy und Fischer vor entscheidenden Entscheidungen, die nicht nur ihre Karrieren, sondern auch ihre Identitäten für immer verändern könnten.

Der Druck war unerträglich, und als die Zeit ablief, schien die Welt um sie herum zu verschwinden. Paul und Bobby waren nicht nur Schachspieler; sie waren Krieger in einem Spiel um Ruhm und Macht, in dem die Einsätze höher waren als je zuvor. Während die letzten Züge gemacht wurden, war klar, dass der Ausgang dieser Partie weitreichende Folgen haben würde – nicht nur für sie selbst, sondern für die gesamte Schachwelt. Und so, während die Zuschauer gebannt zusahen, schien das Schicksal beider Männer in der Schwebe zu hängen, bereit, in die nächste Phase ihrer Geschichte überzugehen.

3
Der einsame Krieger

3.1 Bobby Fischer: Der Schachmeister im Schatten

In den schummrigen Ecken eines kleinen, unauffälligen Schachclubs in Brooklyn saß Bobby Fischer allein an einem Tisch, umgeben von der Stille, die nur durch das gelegentliche Geräusch von bewegten Schachfiguren unterbrochen wurde. Es war ein Ort, der für viele nur ein Spielplatz war, doch für ihn war es ein Refugium, ein Ort, an dem er seine Gedanken und Ängste in strategische Züge verwandeln konnte. Die Luft war schwer von der Last seiner Einsamkeit, die ihn wie ein Schatten verfolgte, während er versuchte, seinen Platz in der Welt des Schachs zu finden.

Fischers Kindheit war geprägt von einer ständigen Suche nach Anerkennung. Schon in jungen Jahren hatte er das Schachspiel für sich entdeckt, und seine außergewöhnlichen Fähigkeiten machten ihn schnell zum Wunderkind. Doch mit jedem Erfolg wuchs der Druck, der auf ihm lastete. Seine Mutter, eine starke Persönlichkeit, hatte hohe Erwartungen an ihn, und der Drang, diese zu erfüllen, nagte an seinem Selbstwertgefühl. In seinen ersten Turnieren, bei denen er gegen ältere und erfahrenere Spieler antreten musste, spürte er nicht nur den Nervenkitzel des Wettbewerbs, sondern auch die lähmende Angst vor dem Versagen.

Die Einsamkeit, die Bobby umgab, war nicht nur eine Folge seines Schachgenies, sondern auch ein zentraler Bestandteil seiner Identität. Während andere Kinder Freundschaften schlossen und unbeschwerte Tage verbrachten, fand er Trost in den komplizierten Strategien des Schachspiels. Die Figuren auf dem Brett wurden zu seinen einzigen Vertrauten, und jeder Zug war ein Schritt in eine Welt, in der er Kontrolle und Macht ausüben konnte. Doch je mehr er sich in diese Welt zurückzog, desto weiter entfernte er sich von den Menschen um ihn herum. Die sozialen Interaktionen, die für andere selbstverständlich waren, fühlten sich für ihn wie ein unerreichbares Ziel an.

Seine ersten Erfolge, die ihn in die Schachwelt katapultierten, waren bittersüß. Er gewann Turniere und erhielt Anerkennung, doch der Preis dafür war hoch. Fischer begann, sich von seinen Altersgenossen zu isolieren, unfähig, die Freude über seine Siege mit anderen zu teilen. Die Stimmen in seinem Kopf, die ihn anfeuerten, wurden von Zweifeln und Ängsten übertönt. "Wirst du jemals genug sein?", flüsterten sie. "Wirst du jemals die Erwartungen erfüllen können?" Diese Fragen nagten an ihm und ließen ihn in einem ständigen Zustand der Unruhe zurück.

Der Druck, der auf ihm lastete, wurde mit jedem gewonnenen Spiel größer. Die Medien begannen, über ihn zu berichten, und bald war er nicht mehr nur ein talentierter Spieler, sondern ein Symbol für den amerikanischen Schachgeist. Doch die ständige Aufmerksamkeit machte ihn misstrauisch. Er fühlte sich wie ein Kämpfer, der in einem Ring gefangen war, ohne die Möglichkeit, die Flucht zu ergreifen. Jedes Spiel wurde zu einem Kampf gegen nicht nur seine Gegner, sondern auch gegen sich selbst. Die Einsamkeit, die er so oft als Begleiter gewählt hatte, wurde zu seinem größten Feind.

Inmitten dieser inneren Kämpfe trat Mira Takagi in sein Leben, eine talentierte Schachspielerin, die ebenfalls ihre eigenen Dämonen zu bekämpfen hatte. Ihre Begegnungen waren geprägt von einer Mischung aus Bewunderung und Rivalität. Mira verstand die Einsamkeit, die Bobby empfand, und sie versuchte, ihn aus seinem Schneckenhaus zu locken. Doch Fischers Angst vor Nähe und Verletzlichkeit ließ ihn oft abweisend wirken. Er war hin- und hergerissen zwischen dem Wunsch, sich zu öffnen, und der Furcht, erneut verletzt zu werden.

Die Themen von Loyalität und Liebe begannen, sich in ihrer Beziehung zu verweben, doch Bobby war nicht bereit, sich diesen Gefühlen zu stellen. Die Einsamkeit wurde zu einem zentralen Thema in seinem Leben, das nicht nur seine Entscheidungen, sondern auch seine Beziehungen beeinflusste. Während er sich bemühte, seinen Platz in der Schachwelt zu finden, kämpfte er gleichzeitig gegen die Schatten seiner Vergangenheit und die Ängste, die ihn verfolgten.

Schließlich stand er vor der Herausforderung, sich selbst zu akzeptieren und die Einsamkeit hinter sich zu lassen. Der Druck, der auf ihm lastete, war erdrückend, und die Frage, ob er den Preis des Ruhms bereit war zu zahlen, stellte sich immer drängender. Bobby Fischer war nicht nur ein Schachmeister; er war ein einsamer Krieger, der gegen die Dunkelheit in seinem Inneren kämpfte, während er versuchte, das Licht des Erfolgs zu erreichen.

3.2 Einsamkeit: Der Preis des Erfolgs

In der Dämmerung seines spärlich erleuchteten Zimmers saß Bobby Fischer, umgeben von Wänden, die wie ein drückendes Gewicht auf ihm lasteten. Seine Gedanken bewegten sich chaotisch, als wären sie Schachfiguren, die auf einem Brett umherirrten. Jeder Zug, den er vollzog, war nicht nur ein strategischer Schritt, sondern auch ein Abbild seiner inneren Konflikte. Die Einsamkeit war ein ständiger Begleiter, ein Schatten, der ihn verfolgte, während er versuchte, seinen Platz in der Welt des Schachs zu finden. In der Stille seines Zimmers hörte er die leisen Stimmen der Zweifel, die ihm ins Ohr flüsterten, dass er nicht genug sei – nicht genug für den Ruhm, nicht genug für die Liebe.

Die Beziehung zu Mira Takagi, einer talentierten Schachspielerin, wurde zunehmend komplizierter. Ihre Augen, die oft voller Bewunderung für seine Fähigkeiten waren, schienen nun auch Fragen zu stellen, die er nicht beantworten konnte. Er fühlte sich hin- und hergerissen zwischen der Pflicht, die Erwartungen seiner Fans und Mentoren zu erfüllen, und dem Wunsch, einfach er selbst zu sein. Jedes Mal, wenn sie ihm nahe war, schien es, als würde er auf einen Abgrund blicken, der ihn mit Angst erfüllte. Was würde passieren, wenn er versagte? Würde sie ihn dann verlassen? Diese Gedanken nagten an ihm und ließen ihn in einem ständigen Zustand der Anspannung zurück.

In den Nächten, in denen er an seinen Partien arbeitete, wurden die Grenzen zwischen Realität und Vorstellung verschwommen. Er stellte sich vor, wie er gegen Morphy spielte, dessen Genie in seinen Zügen lag, und fragte sich, ob er jemals in der Lage sein würde, solch eine Meisterschaft zu erreichen. Die Einsamkeit, die ihn umgab, wurde zu einem weiteren Gegner, den er besiegen musste. Während er seine Züge plante, überkam ihn das Gefühl, dass jeder Sieg, den er errang, nur ein weiterer Schritt in die Isolation war, die ihn schließlich verschlingen würde.

Fischers innere Konflikte manifestierten sich nicht nur in seinen Gedanken, sondern auch in seinem Spiel. Er bemerkte, dass seine Konzentration nachließ, dass er manchmal zögerte, wo er früher blitzschnell entschied. Die Schachfiguren auf dem Brett wurden zu Symbolen seiner Ängste und Unsicherheiten. Jeder Verlust fühlte sich an wie ein persönlicher Rückschlag, ein weiterer Beweis dafür, dass er nicht der Meister war, den alle in ihm sahen. Diese innere Zerrissenheit führte dazu, dass er oft stundenlang allein trainierte, ohne sich um die Welt um ihn herum zu kümmern.

Als Mira ihm eines Abends vorschlug, gemeinsam zu spielen, spürte er ein flüchtiges Gefühl der Hoffnung. Vielleicht könnte sie ihm helfen, die Dunkelheit zu vertreiben, die ihn umgab. Doch gleichzeitig hatte er Angst, dass ihre Nähe ihn nur verletzlicher machen würde. Er wollte nicht, dass sie seine Schwächen sah, wollte nicht, dass sie wusste, wie sehr die Einsamkeit ihn quälte. "Ich kann nicht", murmelte er, als sie ihn anlächelte und die Schachfiguren auf den Tisch stellte. "Ich muss mich konzentrieren."

In diesem Moment erkannte er, dass er nicht nur gegen andere Spieler kämpfte, sondern auch gegen sich selbst. Die Einsamkeit war ein Preis, den er für seinen Erfolg zahlen musste, und je mehr er darüber nachdachte, desto mehr fühlte er sich gefangen. Er wollte gewinnen, aber zu welchem Preis? Das Schachbrett, einst ein Ort der Freude und des Wettbewerbs, wurde zu einem Gefängnis seiner eigenen Ängste. Und während die Schatten der Vergangenheit ihn umgaben, wusste er, dass er sich seinen inneren Dämonen stellen musste, um die Freiheit zu finden, die er so verzweifelt suchte.

Fischer stand vor einer Entscheidung: Sollte er den Mut aufbringen, sich Mira zu öffnen und die Einsamkeit hinter sich zu lassen, oder sollte er weiterhin in der Dunkelheit verweilen, wo er sich sicher fühlte, aber gleichzeitig immer weiter von dem entfernt wurde, was er wirklich wollte? Diese Fragen nagten an ihm, während er in der Stille seines Zimmers saß, die Schachfiguren stumm auf dem Brett wartend, als ob sie auf seine Antwort warteten.

3.3 Der innere Kampf gegen die Dunkelheit

In diesem Augenblick schien Bobby Fischer von der Dunkelheit umschlungen, während er an seinem Schachbrett saß. Das Licht der Lampe warf lange Schatten auf die Figuren, die wie stumme Zeugen seiner inneren Auseinandersetzungen agierten. Jeder Zug, den er überlegte, wurde von einem Sturm aus Zweifeln und Ängsten begleitet, der in seinem Kopf tobte. Er fühlte sich wie ein Schachspieler, der gegen einen unsichtbaren Gegner kämpfte – seine eigenen Dämonen, die ihn an den Rand des Wahnsinns trieben.

Fischer starrte auf das Brett, während seine Gedanken sich um die bevorstehenden Herausforderungen drehten. Die Einsamkeit, die ihn umgab, war nicht nur ein Gefühl, sondern eine greifbare Präsenz, die ihn in die Enge trieb. Es war die Einsamkeit eines Genies, das nach menschlicher Verbindung strebte, aber gleichzeitig Angst hatte, diese Nähe zuzulassen. Die Stimmen in seinem Kopf flüsterten ihm zu, dass er nicht gut genug sei, dass er scheitern würde, wenn er versuchte, die Weltmeisterschaft zu gewinnen. Jedes Mal, wenn er einen Zug machte, spürte er die Kälte der Isolation, die ihn wie ein schwerer Mantel umhüllte.

Inmitten dieser emotionalen Turbulenzen dachte er an Mira Takagi, die talentierte Schachspielerin, die ihm in den letzten Wochen immer wieder begegnet war. Ihre Anwesenheit hatte einen Funken Hoffnung in ihm entfacht, doch die Furcht, sie zu verlieren, nagte an ihm. Was, wenn er sie enttäuschte? Was, wenn er die Meisterschaft verlor und damit auch die Möglichkeit, ihr zu beweisen, dass er mehr war als nur ein einsamer Krieger? Die Fragen schienen sich wie ein endloses Schachspiel zu wiederholen, ohne dass eine Lösung in Sicht war.

Sein Blick fiel auf die Figuren, die auf dem Brett standen, und er erkannte, dass sie mehr waren als nur Holzstücke. Sie waren Symbole seiner Kämpfe, seiner Ambitionen und seiner Ängste. Der Bauer, der vor ihm stand, repräsentierte seinen unermüdlichen Ehrgeiz, während die Dame für die Macht und Kontrolle stand, die er so verzweifelt suchte. Doch in diesem Moment fühlte er sich wie ein Bauer, der auf dem Weg zur Umwandlung ins Ungewisse gefangen war. Die Dunkelheit um ihn herum schien sich zu verdichten, und er fragte sich, ob er jemals in der Lage sein würde, das Licht zu finden.

Die Stunden vergingen, während er über das Brett brütete, und mit jedem weiteren Moment schien die Einsamkeit ihn mehr zu erdrücken. Er erinnerte sich an die Worte seines Mentors, die ihm immer wieder ins Gedächtnis kamen: "Der größte Gegner ist oft der, der in dir selbst wohnt." Diese Worte hallten in seinem Kopf wider, während er versuchte, seine inneren Dämonen zu besiegen. Es war ein Kampf, den er allein führen musste, und die Vorstellung, dass niemand seine Kämpfe wirklich verstand, verstärkte seine Isolation nur noch mehr.

Doch inmitten all dieser Dunkelheit keimte ein Funke der Entschlossenheit in ihm auf. Er wusste, dass er sich seinen Ängsten stellen musste, um seine Identität als Schachmeister zu behaupten. Die bevorstehenden Konflikte waren nicht nur externe Herausforderungen, sondern auch innere Kämpfe, die er überwinden musste. Er wollte nicht nur gewinnen; er wollte sich selbst finden und die Dunkelheit besiegen, die ihn gefangen hielt.

Mit einem tiefen Atemzug richtete er sich auf und begann, die Figuren neu zu ordnen. Er würde nicht zulassen, dass die Schatten ihn besiegten. Er würde kämpfen, nicht nur um den Titel, sondern auch um seine Seele. In diesem Moment der Klarheit wusste er, dass der wahre Sieg darin bestand, sich selbst zu akzeptieren und die Dunkelheit hinter sich zu lassen. Er blickte auf das Brett und sah nicht nur Figuren, sondern Möglichkeiten, die darauf warteten, ergriffen zu werden.

Die Herausforderungen, die vor ihm lagen, waren gewaltig, aber Fischer war bereit, sich ihnen zu stellen. Er würde nicht alleine kämpfen; er würde die Unterstützung von Mira und die Lehren seines Mentors nutzen, um die Dunkelheit zu besiegen. Während er sich auf die kommenden Konflikte vorbereitete, spürte er, wie sich ein neues Gefühl der Hoffnung in ihm regte. Die Dunkelheit mochte stark sein, aber er war entschlossen, das Licht zu finden und seinen Platz in der Schachwelt zu behaupten.

4
Strategien und Intrigen

4.1 Samuel Duval: Morphys treuer Mentor

In der glanzvollen Sphäre des Schachs, wo jeder Zug das Schicksal neu schreiben kann, verkörpert Samuel Duval die Quintessenz von Weisheit und Erfahrung. Als Morphys Mentor ist er nicht nur ein Begleiter des jungen Schachgenies, sondern auch eine unverzichtbare Stütze in dessen Leben. Duvals gelassene Präsenz und sein profundes Verständnis für das Spiel sind für Morphy von unschätzbarem Wert, während dieser seinen Weg zum Ruhm beschreitet.

Die ersten Lektionen, die Duval Morphy vermittelt, sind weit mehr als strategische Anweisungen. Er lehrt ihn, das Schachspiel als eine Kunstform zu begreifen, die über das bloße Gewinnen hinausgeht. "Schach ist wie das Leben, Paul", sagt Duval oft mit einem nachdenklichen Blick. "Es geht nicht nur darum, die Figuren zu bewegen, sondern auch darum, die Gedanken und Emotionen deines Gegners zu verstehen." Diese Einsicht öffnet Morphy die Augen für die psychologischen Dimensionen des Spiels, die ihm helfen werden, sich in der Schachwelt zu behaupten.

Die emotionale Bindung zwischen Morphy und Duval ist stark und tief verwurzelt. Duval sieht in Morphy nicht nur einen talentierten Spieler, sondern auch einen jungen Mann, der mit den Erwartungen und Herausforderungen seiner Umgebung kämpft. Oft verbringen sie Stunden damit, über Partien zu diskutieren, während sie in einem kleinen, gemütlichen Raum sitzen, umgeben von Schachbrettern und alten Büchern. Die Atmosphäre ist durchdrungen von der Aufregung des Lernens und der Entdeckung. Morphy saugt jede Lektion auf, als wäre sie ein kostbarer Schatz, und Duval genießt es, sein Wissen weiterzugeben.

Doch nicht alle Lektionen sind einfach. Duval konfrontiert Morphy auch mit seinen Ängsten und Zweifeln. "Jeder Meister hat seine Schattenseiten", erklärt er, während er Morphy in die Augen sieht. "Es ist wichtig, dass du lernst, mit deinen inneren Dämonen umzugehen. Nur so kannst du die Herausforderungen meistern, die vor dir liegen." Diese Worte hallen in Morphys Geist wider, während er sich auf die bevorstehenden Wettkämpfe vorbereitet. Die Angst vor dem Versagen, die Furcht, die Erwartungen seiner Familie und der Gesellschaft nicht erfüllen zu können, drücken schwer auf seinen Schultern.

Duval ist sich dieser inneren Kämpfe bewusst und bietet Morphy nicht nur strategische Einblicke, sondern auch emotionale Unterstützung. Er erinnert ihn daran, dass das Schachspiel nicht nur ein Wettkampf ist, sondern auch eine Möglichkeit, sich selbst zu finden. "Du musst dir treu bleiben, Paul", sagt Duval mit einem sanften Lächeln. "Dein Stil, deine Entscheidungen – sie müssen aus deinem Herzen kommen." Diese Ermutigung gibt Morphy die Kraft, seinen eigenen Weg zu gehen, auch wenn er manchmal gegen die Normen der Schachwelt ankämpfen muss.

In den frühen Morgenstunden, wenn die Stadt New Orleans noch im Schlaf liegt, treffen sich Morphy und Duval oft im Park. Dort, umgeben von der frischen Luft und dem Zwitschern der Vögel, spielen sie Partien unter freiem Himmel. Duval nutzt diese Gelegenheiten, um Morphy nicht nur die Feinheiten des Spiels beizubringen, sondern auch, wie man die Ruhe bewahrt, wenn der Druck steigt. "Die besten Züge kommen oft in den ruhigsten Momenten", erklärt er, während er geduldig Morphys Züge analysiert. Diese Momente der Stille und des Nachdenkens werden für Morphy zu einem wichtigen Teil seines Schaffensprozesses.

Doch die Herausforderungen, die auf Morphy warten, sind nicht nur spielerischer Natur. Die Rivalität mit Bobby Fischer, die sich langsam anbahnt, wirft einen Schatten auf seine Vorbereitungen. Duval spürt die aufkommende Spannung und warnt Morphy, sich nicht von der Konkurrenz überwältigen zu lassen. "Fokussiere dich auf dein Spiel, nicht auf den Gegner", rät er. "Jeder Spieler hat seine Stärken und Schwächen. Du musst lernen, deine eigenen zu nutzen." Diese Ratschläge werden für Morphy von entscheidender Bedeutung sein, während er sich auf das bevorstehende Turnier vorbereitet.

Samuel Duval ist mehr als nur ein Mentor; er ist eine Vaterfigur für Morphy, der ihm nicht nur das Schachspiel, sondern auch die Werte des Lebens beibringt. In einer Welt, die oft von Ehrgeiz und Konkurrenz geprägt ist, zeigt Duval Morphy, dass wahre Stärke nicht nur im Gewinnen liegt, sondern auch im Charakter und in der Integrität. Diese Lektionen werden Morphy auf seinem Weg zur Legende begleiten und ihn auf die Herausforderungen vorbereiten, die vor ihm liegen.

4.2 Die erste Begegnung: Rivalität entfaltet sich

Glühende Strahlen der Sonne tauchten die Straßen von New Orleans in ein gleißendes Licht, als Paul Morphy an diesem denkwürdigen Tag das kleine Schachcafé betrat. Der Raum pulsierte vor Aufregung, erfüllt von den Blicken der wartenden Spieler, die gebannt auf das Schachbrett starrten, das im Zentrum des Geschehens thronte. Paul spürte die elektrisierende Atmosphäre, die wie ein unsichtbares Band zwischen den Anwesenden schwebte, während er seinen Platz einnahm. Doch dieser Tag war alles andere als gewöhnlich; es war der Tag, an dem er Bobby Fischer begegnen würde, einem weiteren außergewöhnlichen Talent, dessen Ruf bereits bis zu ihm gedrungen war.

Die ersten Blicke zwischen Morphy und Fischer waren wie ein Duell der Geister. Paul, mit seinem jugendlichen Enthusiasmus und seiner unerschütterlichen Entschlossenheit, stand einem Bobby gegenüber, dessen tiefgründige Augen eine Mischung aus Selbstzweifel und unbändigem Ehrgeiz ausstrahlten. Die Rivalität, die sich zwischen ihnen aufbaute, war greifbar. Beide Spieler wussten, dass sie nicht nur um den Sieg kämpften, sondern auch um das Ansehen und die Anerkennung, die mit dem Titel des Schachmeisters verbunden waren.

Die ersten Züge waren schnell gemacht, und während die Figuren über das Brett glitten, fühlte Paul, wie sein Herz schneller schlug. Jeder Zug war nicht nur eine strategische Entscheidung, sondern auch ein Ausdruck seiner innersten Gedanken und Gefühle. Er erinnerte sich an die Worte seines Mentors Samuel Duval, der ihm geraten hatte, stets die psychologischen Aspekte des Spiels zu berücksichtigen. "Schach ist nicht nur ein Spiel der Figuren, sondern auch ein Spiel der Köpfe", hatte Duval gesagt. Paul wusste, dass er diese Lektion heute anwenden musste.

Fischer hingegen kämpfte mit seinen eigenen Dämonen. Die Einsamkeit, die ihn oft begleitete, schien ihn heute besonders zu belasten. Er war sich der Erwartungen bewusst, die auf ihm lasteten, und das Gewicht dieser Verantwortung machte ihn nervös. Während er seine Züge überlegte, schoss ihm der Gedanke durch den Kopf, dass jeder Fehler nicht nur eine Niederlage, sondern auch eine Bestätigung seiner inneren Ängste bedeuten könnte. Doch gleichzeitig brannte in ihm das Verlangen, Morphy zu übertreffen und sich einen Namen zu machen, der in der Schachgeschichte verankert wäre.

Die Zuschauer um das Brett herum waren still geworden, gebannt von der Intensität des Spiels. Die Spannung war so stark, dass man sie beinahe mit Händen greifen konnte. Es war nicht nur ein Wettkampf zwischen zwei Spielern; es war ein Kampf um Identität und Selbstwertgefühl. Paul wusste, dass er sich beweisen musste, nicht nur vor Bobby, sondern auch vor sich selbst. In diesem Moment wurde ihm klar, dass die Rivalität, die sich zwischen ihnen entwickelte, nicht nur durch den Wettbewerb auf dem Schachbrett genährt wurde, sondern auch durch die inneren Kämpfe, die beide Männer führten.

Während das Spiel voranschritt, bemerkte Paul, wie die Intrigen der Schattenzüge im Hintergrund schwelten. Er hatte von der geheimnisvollen Organisation gehört, die die Schachwelt manipulierte, und er konnte nicht umhin, sich zu fragen, ob sie auch hier ihre Fäden zogen. Die Gedanken an Helena von Wirth, die charismatische Anführerin der Schattenzüge, schossen ihm durch den Kopf. Was waren ihre wahren Absichten? Und wie würden sie das heutige Duell beeinflussen? Diese Fragen nagten an ihm, während er sich auf das Spiel konzentrierte.

Die Züge wurden intensiver, und die Zeit schien stillzustehen. Morphy und Fischer waren gleichwertige Gegner, jeder mit seinen eigenen Stärken und Schwächen. Paul spürte, wie sich die Rivalität zwischen ihnen vertiefte, während sie sich gegenseitig herausforderten. Jeder Zug wurde zu einem Schritt in ein unbekanntes Terrain, in dem die Grenzen zwischen Freundschaft und Feindschaft verschwammen. In diesem Moment erkannte Paul, dass dies nicht nur ein Spiel war, sondern der Beginn einer Rivalität, die ihre Leben für immer verändern würde.

Als das Spiel schließlich zu einem Ende kam, war es klar, dass dies nur der Anfang war. Die Herausforderungen, die vor ihnen lagen, waren noch größer als die, die sie heute überwunden hatten. Paul Morphy und Bobby Fischer standen am Anfang eines Weges, der sie in die Tiefen ihrer eigenen Seelen führen würde, während die Schattenzüge im Hintergrund weiter ihre Fäden zogen. Die Rivalität war entfaltet, und nichts würde mehr so sein wie zuvor.

4.3 Ein Wettlauf gegen die Zeit beginnt

Unbarmherzig tickte die Uhr, während Paul Morphy und Bobby Fischer sich auf das bevorstehende Turnier vorbereiteten. Jeder Schlag des Sekundenzeigers schien den Druck zu erhöhen, der auf ihren Schultern lastete. Für Morphy war es nicht nur ein weiteres Turnier; es war die Gelegenheit, seinen Platz in der Schachgeschichte zu festigen. In den Schatten, wo die geheimnisvolle Organisation "Die Schattenzüge" ihre Fäden zog, wurde jeder Schritt von einer unsichtbaren Hand überwacht. Helena von Wirth, die charismatische Anführerin dieser Organisation, wusste, dass das Duell zwischen Morphy und Fischer nicht nur ein Wettkampf um Ruhm war, sondern auch um Macht und Kontrolle.

In einem kleinen, abgedunkelten Raum in New Orleans saß Morphy an seinem Schachbrett, die Figuren perfekt aufgestellt. Er schloss die Augen und stellte sich die Züge vor, die er machen würde. Samuel Duval, sein Mentor, beobachtete ihn mit einem gemischten Gefühl aus Stolz und Besorgnis. "Du musst bereit sein, Paul", sagte Duval mit fester Stimme. "Fischer ist nicht nur ein Gegner; er ist ein Meister der Psychologie. Du musst ihn nicht nur am Brett besiegen, sondern auch in seinem Kopf." Morphy nickte, während er tief durchatmete. Die Worte seines Mentors hallten in seinem Geist wider. Es war nicht genug, nur die besten Züge zu kennen; er musste auch die Emotionen und Strategien seines Gegners verstehen.

Auf der anderen Seite der Stadt, in einem bescheidenen Apartment, kämpfte Bobby Fischer mit seinen eigenen Dämonen. Die Einsamkeit hatte ihn fest im Griff, und der Druck, der auf ihm lastete, war erdrückend. Während er seine Schachfiguren bewegte, dachte er an die Schattenzüge, die immer über ihm schwebten. Ihre Manipulationen hatten ihn oft an den Rand des Wahnsinns getrieben. "Ich werde nicht zulassen, dass sie mich kontrollieren", murmelte er zu sich selbst. Mira Takagi, die talentierte Schachspielerin und Fischers Vertraute, betrat den Raum und spürte sofort die angespannte Atmosphäre. "Bobby, du musst dich konzentrieren. Das Turnier steht vor der Tür, und du darfst dich nicht von deinen Ängsten leiten lassen", sagte sie sanft.

Die beiden Spieler entwickelten Strategien, die nicht nur ihre Fähigkeiten am Brett, sondern auch ihre psychologischen Stärken in den Vordergrund stellten. Morphy, mit seiner natürlichen Begabung und dem unermüdlichen Ehrgeiz, war entschlossen, die klassischen Spielweisen zu revolutionieren. Er experimentierte mit neuen Eröffnungen und taktischen Kombinationen, die seine Gegner überraschen sollten. Fischer hingegen war bekannt für seine Fähigkeit, die Schwächen seiner Gegner auszunutzen. Er studierte Morphys Spiele, analysierte jede Partie bis ins kleinste Detail und suchte nach Mustern, die er zu seinem Vorteil nutzen konnte.

Die Zeit verging wie im Flug, und die Dringlichkeit, sich vorzubereiten, wurde immer größer. Morphy fühlte, wie die Erwartungen an ihn wuchsen, während er sich auf das Turnier vorbereitete. Er war nicht nur ein Spieler; er war ein Symbol für Hoffnung und Innovation im Schach. Fischer hingegen kämpfte mit der ständigen Angst, zu versagen. Der Druck, den Titel des Weltmeisters zu gewinnen, war erdrückend. In seinen Gedanken hörte er die Stimmen der Kritiker, die darauf warteten, ihn fallen zu sehen.

Die Schattenzüge waren sich der Bedeutung dieses Duells bewusst. Sie wussten, dass das Ergebnis nicht nur die Karrieren der beiden Spieler beeinflussen würde, sondern auch die Machtverhältnisse innerhalb der Schachwelt neu definieren könnte. Helena von Wirth beobachtete alles aus der Ferne, ihre grünen Augen funkelten vor Vorfreude. "Lass das Spiel beginnen", flüsterte sie, während sie die Fäden ihrer Intrigen weiter spann.

Als der Tag des Turniers näher rückte, spürten Morphy und Fischer die Last der Erwartungen auf ihren Schultern. Die Spannung war greifbar, und die Welt des Schachs hielt den Atem an. Jeder Zug, den sie machten, würde nicht nur über ihren Sieg oder ihre Niederlage entscheiden, sondern auch über die Zukunft des Spiels, das sie beide liebten. Mit jedem Schlag der Uhr wurde der Wettlauf gegen die Zeit intensiver, und die Vorfreude auf das bevorstehende Duell stieg ins Unermessliche. Es war mehr als nur ein Spiel; es war der Höhepunkt ihrer Leben, ein Kampf um Ruhm, Ehre und die Seele des Schachs.

5
Die erste große Herausforderung

5.1 Ein Turnier, das alles verändert

Die Stadt pulsierte vor Aufregung, als die Vorbereitungen für das große Schachturnier in vollem Gange waren. In den prunkvollen Hallen des ehrwürdigen Konferenzzentrums, wo einst entscheidende Wendepunkte der Geschichte besiegelt wurden, versammelten sich die besten Spieler der Welt. Der Duft von frisch geschliffenem Holz und polierten Schachbrettern erfüllte die Luft, während die Spannung greifbar war. Die Zuschauer drängten sich in den Rängen, ihre Blicke auf die Tische gerichtet, an denen die Meister bald aufeinandertreffen würden.

Paul Morphy, das Wunderkind aus New Orleans, stand am Rand des Raumes und betrachtete die Szenerie mit einem Gemisch aus Nervosität und Entschlossenheit. Sein Herz schlug schnell, als er die Gesichter der anderen Spieler sah – einige waren alte Bekannte, andere neue Herausforderer, die alle nach dem gleichen Ziel strebten: dem Titel des Weltmeisters. Morphy wusste, dass dies nicht nur ein Spiel war; es war der Höhepunkt seiner bisherigen Karriere, ein Moment, der alles verändern könnte.

In der gegenüberliegenden Ecke des Raumes saß Bobby Fischer, der einsame Krieger des Schachspiels. Er hatte sich in seine Gedanken zurückgezogen, umgeben von einer Aura der Isolation, die ihn oft begleitete. Fischer war bekannt für seine unorthodoxen Strategien und seine Fähigkeit, selbst die stärksten Gegner zu überlisten. Doch heute war er sich der enormen Erwartungen bewusst, die auf ihm lasteten. Der Druck, nicht nur zu gewinnen, sondern auch die eigene Identität als Schachmeister zu behaupten, war erdrückend.

Die ersten Runden des Turniers waren eine Herausforderung für beide Spieler. Morphy, mit seinem unerschütterlichen Glauben an seine Fähigkeiten, setzte auf aggressive Eröffnungen, die seine Gegner oft überraschten. Seine Züge waren präzise und durchdacht, jede Entscheidung schien ein Teil eines größeren Plans zu sein. Doch der Druck, der auf ihm lastete, war nicht zu unterschätzen. Die Stimmen der Zuschauer, die seine Fortschritte kommentierten, hallten in seinem Kopf wider und verstärkten seine Nervosität.

Fischer hingegen verfolgte einen anderen Ansatz. Er war bekannt dafür, seine Gegner psychologisch zu manipulieren, sie in ein Netz aus Unsicherheit und Selbstzweifeln zu verwickeln. Während er seine Züge plante, beobachtete er die Körpersprache seiner Gegner genau. Jeder kleine Hinweis konnte entscheidend sein. Fischer wusste, dass die mentale Stärke oft genauso wichtig war wie die technische Finesse. Er war bereit, alles zu geben, um zu gewinnen, auch wenn das bedeutete, seine eigenen Dämonen zu konfrontieren.

Die Atmosphäre im Turniersaal war geladen. Spieler und Zuschauer hielten den Atem an, während die ersten Partien in vollem Gange waren. Morphy und Fischer waren sich der Rivalität bewusst, die zwischen ihnen herrschte, und beide waren fest entschlossen, als Sieger hervorzugehen. Doch die Schattenzüge, die geheimnisvolle Organisation, die im Hintergrund agierte, hatten ihre eigenen Pläne. Ihre Manipulationen und Intrigen schwebten wie ein dunkler Schatten über dem Turnier und könnten den Verlauf der Spiele entscheidend beeinflussen.

In den Pausen zwischen den Runden trafen sich Morphy und Fischer in der Lounge, um sich auf die nächsten Spiele vorzubereiten. Es war ein seltsames Gefühl, in der Nähe seines größten Rivalen zu sein. Morphy spürte die Anspannung in der Luft, als sie sich gegenseitig herausforderten, ohne ein Wort zu verlieren. Beide wussten, dass sie sich nicht nur am Schachbrett, sondern auch in ihren Köpfen bekämpften. Die Strategien, die sie entwickelten, waren nicht nur für das Spiel entscheidend, sondern auch für ihr eigenes Selbstverständnis als Schachmeister.

Das Turnier war mehr als nur ein Wettkampf; es war ein Test ihrer Charaktere, ihrer Ambitionen und ihrer Träume. Morphy kämpfte nicht nur um den Titel, sondern auch um Anerkennung und Respekt in einer Welt, die oft von Zweifeln geprägt war. Fischer hingegen kämpfte gegen die Einsamkeit, die ihn oft überkam, und suchte nach einem Weg, seine innere Leere zu füllen. Beide Spieler waren auf der Suche nach etwas Größerem als nur dem Sieg – sie suchten nach ihrem Platz in der Geschichte des Schachs.

Als die letzte Runde näher rückte, spürten sie die Dringlichkeit, die in der Luft lag. Jeder Zug könnte der entscheidende sein, jeder Fehler könnte fatale Folgen haben. Morphy und Fischer waren bereit, alles zu riskieren, um ihre Träume zu verwirklichen. Das Turnier würde nicht nur ihre Fähigkeiten testen, sondern auch ihre Seelen auf die Probe stellen. Und während die Uhren tickten und die Spannung stieg, wurde klar, dass dieses Turnier alles verändern könnte.

5.2 Die Schattenzüge ziehen ihre Fäden

Im Turniersaal herrschte eine elektrisierende Atmosphäre, durchzogen von einer ungreifbaren Spannung, die in der Luft lag wie der Duft von frisch geschliffenem Holz. Paul Morphy und Bobby Fischer waren nicht bloß Rivalen; sie agierten als Figuren in einem weitreichenden Spiel, das von den geheimnisvollen Schattenzügen orchestriert wurde. Diese Organisation, deren Einfluss sich wie ein unsichtbares Netz über die Schachwelt spannte, hatte es sich zur Aufgabe gemacht, die Schicksale der Spieler zu manipulieren und die Ergebnisse nach ihren eigenen Vorstellungen zu steuern.

Helena von Wirth, die charismatische Anführerin der Schattenzüge, beobachtete das Geschehen mit einem kühlen Lächeln auf den Lippen. Ihre Augen funkelten vor Berechnung, während sie die beiden Meister am Schachbrett musterte. Für sie war das Turnier nicht nur ein Wettkampf um Ruhm und Ehre, sondern eine Gelegenheit, ihre Macht zu demonstrieren. Sie wusste, dass die Rivalität zwischen Morphy und Fischer durch ihre subtilen Eingriffe weiter angeheizt werden konnte. Jede Entscheidung, die sie traf, war ein strategischer Zug in ihrem eigenen Spiel, und sie genoss die Kontrolle, die sie über die beiden Männer hatte.

Während die ersten Partien des Turniers gespielt wurden, spürte Morphy den Druck, der auf ihm lastete. Er war sich der Erwartungen bewusst, die auf seinen Schultern ruhten, und der Gedanke, dass die Schattenzüge möglicherweise seine Schritte lenkten, nagte an ihm. Er wollte nicht nur gewinnen; er wollte die Schachwelt revolutionieren und zeigen, dass sein Spiel mehr war als nur ein Wettkampf. Doch je mehr er darüber nachdachte, desto mehr fühlte er sich gefangen in einem Netz aus Intrigen, das ihn umgab.

Fischer hingegen kämpfte mit seinen eigenen Dämonen. Die Einsamkeit, die ihn oft überkam, wurde durch die Manipulationen der Schattenzüge verstärkt. Er hatte das Gefühl, dass jeder Zug, den er machte, nicht nur seine eigene Zukunft bestimmte, sondern auch das Ergebnis eines Spiels war, das von anderen kontrolliert wurde. Diese Gedanken führten zu einem inneren Konflikt, der ihn an den Rand des Wahnsinns trieb. Er war entschlossen, sich nicht von den Schattenzügen beeinflussen zu lassen, doch die ständige Überwachung und die subtile Beeinflussung seiner Entscheidungen ließen ihn zweifeln.

In einem geheimen Treffen, das in einem schummrigen Café stattfand, versammelten sich einige Mitglieder der Schattenzüge, um die nächsten Schritte zu besprechen. Ihre Stimmen waren gedämpft, aber die Absichten klar. "Wir müssen sicherstellen, dass Morphy und Fischer gegeneinander ausgespielt werden", sagte einer der Männer mit einer tiefen Stimme. "Wenn wir ihre Rivalität weiter anheizen, können wir das Ergebnis zu unseren Gunsten beeinflussen." Die anderen nickten zustimmend, während Helena in der Ecke saß und über die Möglichkeiten nachdachte, die sich ihnen boten.

Die Schattenzüge planten, Gerüchte zu streuen, die sowohl Morphy als auch Fischer verunsichern würden. Sie wussten, dass Unsicherheit und Angst die besten Werkzeuge waren, um die Kontrolle zu behalten. "Wir müssen die Öffentlichkeit glauben lassen, dass einer von ihnen betrügt", fügte Helena hinzu, ihr Lächeln wurde breiter. "Das wird nicht nur ihre Konzentration stören, sondern auch die Unterstützung ihrer Anhänger untergraben."

Als das Turnier voranschritt, begannen die Manipulationen der Schattenzüge, ihre Wirkung zu zeigen. Morphy, der normalerweise mit einer bemerkenswerten Klarheit spielte, fand sich plötzlich in einem Strudel von Selbstzweifeln wieder. Jeder Zug, den er machte, wurde von der Angst begleitet, dass die Schattenzüge ihn beobachten und bewerten würden. Gleichzeitig wurde Fischer von der Einsamkeit und dem Druck, der auf ihm lastete, erdrückt. Er begann, seine Züge zu hinterfragen, was zu Fehlern führte, die er zuvor nie gemacht hätte.

Die Rivalität zwischen den beiden Spielern wurde intensiver, während die Schattenzüge im Hintergrund ihre Fäden zogen. Morphy und Fischer, die einst in einem fairen Wettkampf standen, wurden nun zu Schachfiguren in einem Spiel, das weit über das Brett hinausging. Ihre Emotionen, ihre Ambitionen und ihre Träume wurden von den Manipulationen der Schattenzüge beeinflusst, und die Leser konnten die Spannung und das Drama spüren, das sich in diesem gefährlichen Spiel entfaltete.

In diesem Moment wurde klar, dass das Turnier nicht nur ein Wettkampf um den Titel war, sondern auch ein Kampf um die Seelen der Spieler. Morphy und Fischer standen an einem Scheideweg, an dem sie entscheiden mussten, ob sie sich den Schattenzügen beugen oder gegen die Manipulationen ankämpfen würden. Der Ausgang dieses Spiels würde nicht nur ihre Karrieren bestimmen, sondern auch die Zukunft des Schachspiels selbst.

5.3 Ein unerwarteter Gegner betritt die Bühne

Ein elektrisierendes Knistern durchzog den Turniersaal, während die Menge ungeduldig auf den Startschuss der nächsten Runde wartete. Paul Morphy und Bobby Fischer, zwei Giganten des Schachspiels, hatten sich in einem Wettkampf von beispielloser Intensität gegenübergestanden. Doch an diesem Tag sollte alles anders sein. Ein neuer Spieler trat in das Geschehen ein, ein unbekannter Herausforderer, dessen Name in den letzten Wochen wie ein Schatten über die Schachwelt gewachsen war. Viktor Petrov, ein Meister aus Russland, dessen strategische Raffinesse und unorthodoxe Spielweise bereits viele erfahrene Spieler in die Knie gezwungen hatten, stellte sich vor.

Als Petrov den Raum betrat, legte sich eine gespenstische Stille über die Zuschauer. Er war nicht nur ein Schachspieler; er war eine Präsenz, die sowohl Respekt als auch Furcht einflößte. Mit seinen scharfen, blauen Augen scannte er den Raum, als ob er die Schwächen seiner Gegner bereits erfasst hätte. Seine Kleidung war schlicht, aber gepflegt, und seine Haltung strahlte eine kühle Selbstsicherheit aus, die selbst Morphy und Fischer für einen Moment innehalten ließ.

"Wer ist dieser Petrov?", flüsterte Samuel Duval, Morphys Mentor, während er sich durch die Menge drängte. "Ich habe von ihm gehört, aber ich dachte, er wäre nur ein weiteres Gerücht."

"Er ist mehr als das", antwortete Morphy, seine Stirn leicht gerunzelt. "Seine Strategien sind unberechenbar. Ich habe einige seiner Partien analysiert, und ich kann dir sagen, dass er nicht zu unterschätzen ist."

Fischer, der am anderen Ende des Raumes stand, beobachtete die Szene mit einer Mischung aus Neugier und Besorgnis. Der Druck, den Petrov mit seiner Anwesenheit ausübte, war spürbar. "Ich kann ihn nicht einfach ignorieren", murmelte er zu Mira Takagi, die an seiner Seite stand. "Er könnte alles verändern."

Die ersten Züge des Turniers wurden gespielt, und es wurde schnell klar, dass Petrov nicht nur ein weiterer Teilnehmer war. Seine Züge waren präzise und durchdacht, jede Entscheidung schien das Ergebnis jahrelanger Erfahrung und tiefgehender Analyse zu reflektieren. Morphy und Fischer, die beide ihre eigenen Strategien entwickelt hatten, fanden sich plötzlich in einem Spiel wieder, das sie nicht vollständig kontrollieren konnten. Sie mussten sich anpassen, improvisieren und über ihre bisherigen Taktiken hinausdenken.

Die ersten Runden verliefen angespannt. Morphy, der sich stets auf seine Intuition verlassen hatte, begann, die Züge seines neuen Gegners zu studieren. Petrov spielte mit einer Kühle, die Morphy dazu zwang, seine eigenen Emotionen zu zügeln. "Ich muss ruhiger werden", dachte Morphy, während er über das Brett schaute. "Wenn ich ihn schlagen will, muss ich seine Denkweise verstehen."

Fischer hingegen fühlte sich durch Petrov herausgefordert, und diese Herausforderung schürte seine inneren Dämonen. "Ich darf nicht verlieren", dachte er, während er die Züge auf dem Brett analysierte. "Nicht gegen ihn. Nicht jetzt." Die ständige Angst vor dem Versagen nagte an ihm, und die Einsamkeit, die ihn oft begleitete, wurde durch den Druck des Wettbewerbs nur verstärkt.

In der zweiten Runde kam es zu einem entscheidenden Moment. Morphy und Fischer, die beide in der gleichen Gruppe spielten, mussten gegen Petrov antreten. Die Zuschauer hielten den Atem an, als die drei Spieler sich am Brett gegenüberstanden. Es war ein Duell der Geister, ein Wettkampf, der nicht nur um Schach, sondern auch um Ehre und Identität ging.

Die ersten Züge waren gesetzt, und schon bald zeichnete sich ab, dass Petrov eine unkonventionelle Strategie verfolgte. Er setzte Morphy und Fischer unter Druck, indem er sie in unerwartete Positionen brachte. "Er spielt nicht nur gegen uns, sondern auch mit unseren Ängsten", dachte Morphy, während er einen weiteren Zug machte. Fischer hingegen fühlte, wie seine Unsicherheiten ans Licht kamen, als er versuchte, sich gegen den Druck zu behaupten.

Der Kampf um den Sieg wurde intensiver, und die Zuschauer waren gefesselt von der Dynamik, die sich entfaltet hatte. Morphy und Fischer mussten sich nicht nur gegen Petrov behaupten, sondern auch gegen die Schattenzüge, die im Hintergrund agierten und ihre eigenen Fäden zogen. Die Rivalität zwischen den beiden Männern, die einst klar definiert war, begann zu verschwimmen, als sie sich zusammenschlossen, um den gemeinsamen Feind zu bekämpfen.

Doch als die Zeit ablief und die Züge ihren Höhepunkt erreichten, wurde klar, dass die Einführung von Viktor Petrov nicht nur das Turnier verändert hatte, sondern auch die Beziehung zwischen Morphy und Fischer. Die beiden Rivalen standen nun an einem Wendepunkt, an dem sie entscheiden mussten, ob sie weiterhin gegeneinander kämpfen oder sich zusammenschließen würden, um die wahre Bedrohung zu besiegen.

Mit einem letzten Blick auf das Schachbrett, das von der Spannung und den Emotionen der Spieler durchzogen war, endete das Kapitel abrupt. Die Zuschauer hielten den Atem an, während die Frage in der Luft hing: Würden Morphy und Fischer ihre Differenzen überwinden und gemeinsam gegen Petrov antreten? Oder würde der unerwartete Gegner die Rivalität zwischen ihnen für immer verändern?

6
Verborgene Geheimnisse

6.1 Mira Takagi: Die Schachstrategin mit Geheimnissen

In der faszinierenden und oft gnadenlosen Arena des Schachs, wo jeder strategische Zug über Triumph oder Niederlage entscheidet, erhebt sich Mira Takagi als eine bemerkenswerte Protagonistin. Ihre Fähigkeiten am Schachbrett sind unbestreitbar, doch hinter der glänzenden Oberfläche verbirgt sich eine vielschichtige Persönlichkeit, die mit eigenen Geheimnissen und inneren Kämpfen ringt. Mira ist nicht nur eine talentierte Spielerin; sie ist eine Frau, die in einer von Männern dominierten Welt ihren Platz erkämpfen muss. Ihre Vergangenheit ist von Entbehrungen geprägt, und die Schatten ihrer Kindheit verfolgen sie bis in die Gegenwart.

Aufgewachsen in einem kleinen japanischen Viertel in San Francisco, sah sich Mira schon früh den Herausforderungen des Lebens gegenüber. Ihre Eltern, Einwanderer mit großen Hoffnungen für ihre Tochter, wurden oft von der harten Realität eingeholt. In einer Umgebung, in der Erfolg häufig an materiellem Wohlstand gemessen wurde, fand Mira Trost im Schach. Das Spiel wurde für sie zu einem Rückzugsort, einem Raum, in dem sie Kontrolle und Macht erlangen konnte, die ihr im Alltag oft verwehrt blieben.

Doch während sie sich in der Schachwelt einen Namen machte, blieb Miras Herz in einem ständigen Konflikt gefangen. Ihre Beziehung zu Bobby Fischer, dem einsamen Krieger des Schachspiels, entwickelte sich schnell zu einer intensiven Verbindung. Fischer, ein Genie mit seinen eigenen Dämonen, zog Mira in seinen Bann. Doch je näher sie ihm kam, desto mehr stellte sie fest, dass ihre Loyalität zu ihm auch ihre eigenen Ambitionen gefährdete. In den Augen der Schachwelt war sie nicht nur Fischers Verbündete, sondern auch eine potenzielle Bedrohung für seine Dominanz.

Mira kämpfte mit der Frage, ob sie ihre eigenen Träume verwirklichen oder an Fischers Seite stehen sollte. Diese innere Zerrissenheit führte zu schlaflosen Nächten, in denen sie über ihre nächsten Schritte nachdachte. Sollte sie versuchen, sich als eigenständige Spielerin zu etablieren, oder sollte sie sich zurücknehmen, um Fischer nicht in seiner Karriere zu behindern? Der Druck, sowohl als Schachspielerin als auch als Frau in dieser männerdominierten Welt zu bestehen, lastete schwer auf ihren Schultern.

In den kommenden Wochen wurde die Spannung zwischen Mira und Fischer spürbar. Während sie sich gegenseitig in ihren Spielen herausforderten, begannen auch ihre persönlichen Konflikte an die Oberfläche zu treten. Mira bemerkte, dass Fischer oft in seine eigene Welt abtauchte, unfähig, die Unterstützung zu akzeptieren, die sie ihm bot. Seine Einsamkeit war wie ein Schatten, der über ihrer Beziehung schwebte und sie beide daran hinderte, sich vollständig zu öffnen. Mira wollte ihm helfen, doch gleichzeitig fühlte sie sich von seiner Abweisung verletzt.

Ein entscheidender Moment trat ein, als Mira in einem wichtigen Turnier gegen einen anderen Spieler antreten musste, der ebenfalls unter dem Einfluss der geheimnisvollen Organisation "Die Schattenzüge" stand. Diese Organisation hatte ihre eigenen Pläne, und Mira wurde schnell klar, dass sie nicht nur um den Sieg kämpfen musste, sondern auch um ihre Unabhängigkeit. Die Schattenzüge hatten ihre Fäden im Spiel, und Mira war sich bewusst, dass ihre Entscheidungen weitreichende Konsequenzen haben könnten.

Inmitten all dieser Turbulenzen beschloss Mira, sich auf ihre Stärken zu konzentrieren. Sie wusste, dass sie nicht nur für sich selbst, sondern auch für Fischer kämpfen musste. Ihre Loyalität zu ihm war stark, doch sie wollte nicht, dass dies ihre eigene Identität in den Hintergrund drängte. Mit jedem Zug am Schachbrett stellte sie sich nicht nur den Herausforderungen des Spiels, sondern auch den Fragen, die ihr Leben bestimmten.

Als das Turnier näher rückte, wurde Mira klar, dass sie sich entscheiden musste. Sollte sie weiterhin im Schatten von Fischers Erfolg stehen oder den Mut aufbringen, ihre eigenen Ambitionen zu verfolgen? Diese Entscheidung würde nicht nur ihre Karriere beeinflussen, sondern auch die Dynamik ihrer Beziehung zu Fischer grundlegend verändern. Während sie sich auf das bevorstehende Duell vorbereitete, spürte sie, dass die Zeit gekommen war, ihre Geheimnisse ans Licht zu bringen und sich den Herausforderungen zu stellen, die vor ihr lagen.

In der Nacht vor dem Turnier saß Mira allein in ihrem Zimmer, umgeben von Schachfiguren und Notizen. Sie wusste, dass sie nicht nur gegen ihre Gegner, sondern auch gegen die Schattenzüge kämpfen musste, die im Hintergrund agierten. Mit einem tiefen Atemzug schloss sie die Augen und stellte sich vor, wie es wäre, die Kontrolle über ihr eigenes Schicksal zu übernehmen. Morgen würde alles anders sein.

6.2 Loyalität zwischen Pflicht und Herz

Mira Takagi saß an ihrem Schachbrett, die Figuren vor ihr schienen stumme Zeugen ihrer inneren Zerrissenheit zu sein. Eine kühle Brise strömte durch das offene Fenster und brachte den verlockenden Duft von frisch gebrühtem Kaffee mit sich, doch dieser konnte die Kälte in ihrem Herzen nicht vertreiben. Gefangen zwischen ihrer Loyalität zu Bobby Fischer und den immer drängender werdenden eigenen Wünschen fühlte sie sich wie in einem Netz aus Verpflichtungen und Sehnsüchten. Was wog schwerer: die Unterstützung des Mannes, den sie liebte, oder die Verwirklichung ihrer eigenen Träume im Schach? Diese Frage nagte an ihr wie ein unaufhörlicher Schatten.

Die Erinnerungen an die letzten Wochen schossen ihr durch den Kopf. Bobby hatte sie oft um Rat gefragt, wenn es um seine Spiele ging. Er vertraute auf ihre strategischen Einsichten, und sie fühlte sich geschmeichelt, dass er sie als gleichwertige Partnerin betrachtete. Doch je mehr sie ihm half, desto mehr wuchs in ihr das Gefühl, dass ihre eigenen Ambitionen auf der Strecke blieben. Mira war nicht nur eine Schachspielerin; sie war eine Kämpferin, die in einer von Männern dominierten Welt ihren Platz finden wollte. Aber wie konnte sie das erreichen, wenn sie ständig hinter Bobby stand?

In einer stillen Stunde, als die Stadt um sie herum schlief, hatte sie sich in ihrem Zimmer eingeschlossen und über ihre Zukunft nachgedacht. Die Worte von Samuel Duval, Paul Morphys Mentor, hallten in ihrem Kopf wider: "Ein wahrer Meister ist nicht nur ein Spieler, sondern auch ein Stratege seines Lebens." Diese Worte waren wie ein Weckruf für Mira. Sie wusste, dass sie nicht nur für Bobby spielen konnte. Sie musste für sich selbst spielen. Doch die Loyalität, die sie für ihn empfand, hielt sie zurück. Wie konnte sie ihn im Stich lassen, wenn er so sehr auf sie angewiesen war?

Die Vorstellung, Bobby im entscheidenden Moment des Spiels zu enttäuschen, schnürte ihr die Kehle zu. Sie sah ihn vor sich, seine Augen voller Zweifel, während er am Brett saß, und sie konnte nicht anders, als sich schuldig zu fühlen. Ihre Pflicht als Freundin und Unterstützerin war stark, aber die Sehnsucht nach persönlichem Erfolg wurde immer drängender. In den letzten Tagen hatte sie an einem geheimen Turnier teilgenommen, bei dem sie ihre Fähigkeiten unter Beweis stellen wollte. Doch jedes Mal, wenn sie an den Tisch trat, dachte sie an Bobby und seine Erwartungen. Es war, als ob die Schachfiguren selbst gegen sie arbeiteten, als ob sie die Last ihrer Entscheidungen trugen.

"Was wäre, wenn ich gewinne? Was würde das für uns bedeuten?" Diese Fragen quälten sie. Ein Sieg könnte ihre Karriere in Schwung bringen, doch gleichzeitig würde es bedeuten, dass sie sich von Bobby abheben würde. Sie wollte nicht, dass er sich von ihr bedroht fühlte. Die Angst, dass ihre Erfolge ihre Beziehung belasten könnten, ließ sie zögern. Doch die Gedanken an die Möglichkeit, die erste weibliche Schachmeisterin zu werden, ließen ihr Herz schneller schlagen. Der Drang, sich selbst zu beweisen, war stärker als die Furcht vor dem Unbekannten.

Als sie eines Abends mit Bobby am Tisch saß, beobachtete sie ihn intensiv. Er war in sein Spiel vertieft, seine Stirn in Falten gelegt, während er über seine nächsten Züge nachdachte. Mira fühlte, wie ihr Herz schwer wurde. Sie wollte ihm sagen, dass sie bereit war, ihre eigenen Träume zu verfolgen, aber die Worte blieben ihr im Hals stecken. Stattdessen lächelte sie ihm zu und gab ihm einen sanften Schubs, um ihn aufzumuntern. "Du schaffst das, Bobby. Du bist der Beste", flüsterte sie, während sie sich innerlich fragte, ob sie jemals den Mut finden würde, ihre eigenen Träume laut auszusprechen.

Die Nacht war still, und die Gedanken wirbelten in ihrem Kopf. Sie wusste, dass sie bald eine Entscheidung treffen musste. Die Schatten der Vergangenheit und die Fäden der Gegenwart zogen sie in verschiedene Richtungen. Loyalität und persönliches Opfer standen auf dem Spiel, und sie fühlte sich wie eine Figur auf dem Schachbrett, gefangen zwischen zwei gegensätzlichen Zielen. In diesem Moment der Unsicherheit erkannte Mira, dass der wahre Kampf nicht nur auf dem Schachbrett stattfand, sondern auch in ihrem Herzen. Und so begann sie, einen Plan zu schmieden, um ihren Platz in der Schachwelt zu finden, ohne dabei Bobby zu verlieren.

6.3 Ein geheimes Treffen mit weitreichenden Folgen

Die Nacht lag wie ein schwerer Mantel über der Stadt, nur das leise Flüstern der Blätter im Wind durchbrach die drückende Stille. Mira Takagi wartete in einer schummrigen Gasse, das Licht einer fernen Straßenlaterne warf lange Schatten auf den Kopfsteinpflasterboden. Ihr Herz pochte unruhig, während sie auf den geheimnisvollen Mann wartete, dessen Namen sie nur in gedämpften Tönen kannte: Viktor. Er war ein Mitglied der Schattenzüge, und die Gerüchte über seine manipulativen Machenschaften hatten sich wie ein Lauffeuer verbreitet.

Als er schließlich erschien, schien es, als würde die Dunkelheit ihn selbst umarmen. Sein Gesicht blieb im Schatten verborgen, doch die Kälte in seinen Augen war unübersehbar. "Mira", begann er mit einer Stimme, die sowohl Vertrautheit als auch Bedrohung ausstrahlte. "Du bist mutig, hierher zu kommen."

"Ich bin nicht hier, um zu spielen, Viktor", erwiderte Mira, ihre Stimme fest, obwohl sie innerlich zitterte. "Ich will wissen, was du über Morphy und Fischer weißt. Was hast du mit ihnen vor?"

Viktor lächelte, und es war kein freundliches Lächeln. "Die beiden sind wie Schachfiguren auf einem Brett, meine Liebe. Sie wissen nicht, dass sie bereits Teil eines Spiels sind, das weit über ihre Vorstellungskraft hinausgeht."

Mira spürte, wie sich ein kalter Schauer über ihren Rücken zog. "Was meinst du damit? Was plant ihr?"

"Es gibt Geheimnisse, die du nicht begreifen kannst", antwortete er, während er näher trat. "Morphy glaubt, er kämpft für Ruhm und Ehre, während Fischer in seiner Einsamkeit gefangen ist. Aber die Schattenzüge haben ihre eigenen Ziele. Wir nutzen ihre Rivalität, um unsere Macht zu festigen."

"Und ich? Was ist meine Rolle in diesem Spiel?" fragte Mira, ihre Stimme zitterte, aber sie versuchte, ihre Angst zu verbergen.

"Du bist mehr als nur eine Schachfigur, Mira. Du bist der Schlüssel. Deine Loyalität zu Fischer könnte uns helfen, ihn zu manipulieren. Und Morphy? Er wird sich selbst ins Abseits stellen, wenn er denkt, dass er gegen dich antreten muss."

Die Worte hallten in ihrem Kopf wider. Sie hatte immer gewusst, dass die Schattenzüge eine dunkle Macht waren, aber jetzt wurde ihr klar, wie tief ihre Intrigen reichten. "Ich werde nicht Teil eurer Machenschaften sein", erklärte sie entschieden. "Ich werde nicht zulassen, dass ihr die beiden gegeneinander ausspielt."

"Oh, aber du wirst es", sagte Viktor mit einem süffisanten Lächeln. "Du bist bereits involviert. Deine Gefühle für Fischer, deine Ambitionen – sie sind unsere stärksten Waffen. Du kannst dich nicht von uns lösen, Mira. Du bist in unser Netz verwickelt."

Ein Gefühl der Ohnmacht überkam sie. Sie dachte an Bobby, an die Kämpfe, die er gegen seine inneren Dämonen führte, und an Paul, dessen brillanter Geist so oft von den Erwartungen erdrückt wurde. Sie wollte ihnen helfen, nicht sie in ein Spiel zu verwickeln, das sie nicht kontrollieren konnten.

"Was, wenn ich mich weigere? Was, wenn ich die Wahrheit sage?" fragte sie, obwohl sie wusste, dass die Antwort bereits in seinen Augen lag.

"Dann wirst du die Konsequenzen tragen müssen", antwortete Viktor kalt. "Wir haben Augen überall. Du kannst dich nicht verstecken."

Ein Moment der Stille trat ein, während Mira über die Schwere seiner Worte nachdachte. Die Schattenzüge waren mächtig, und sie fühlte sich klein und verletzlich. Doch tief in ihrem Inneren brannte ein Funke des Widerstands. Sie würde nicht zulassen, dass ihre Loyalität gegen sie verwendet wurde.

"Ich werde es mir überlegen", sagte sie schließlich, während sie sich abwandte. "Aber ich werde nicht zulassen, dass ihr die Kontrolle über mein Leben oder die von Bobby und Paul habt."

Viktor beobachtete sie mit einem Ausdruck, der sowohl Respekt als auch Bedrohung ausstrahlte. "Das ist dein gutes Recht, Mira. Aber denke daran: In diesem Spiel gibt es keine Gewinner, nur Überlebende."

Mit diesen Worten verschwand er in der Dunkelheit, und Mira blieb allein zurück, gefangen zwischen der Loyalität zu Fischer und dem drohenden Einfluss der Schattenzüge. Ein Gefühl der Ungewissheit überkam sie, während sie in die Nacht starrte. Was würde die Zukunft bringen? Und welche Entscheidungen würde sie treffen müssen, um die beiden Männer, die sie liebte, zu schützen?

Die Fragen nagten an ihr, während sie in die Dunkelheit hinaustrat. Die Schattenzüge hatten ihre Fäden gesponnen, und das Spiel hatte gerade erst begonnen.

7
Der Preis des Ruhms

7.1 Morphys Aufstieg zur Legende

In der faszinierenden Sphäre des Schachspiels, wo jeder Zug über Ruhm und Ehre entscheidet, beginnt Paul Morphy seinen steilen Aufstieg. Die Straßen von New Orleans, geschmückt mit dem Glanz des 19. Jahrhunderts, bilden die Kulisse für seine ersten Schritte in die fesselnde, jedoch herausfordernde Welt des Schachs. Hier, in dieser pulsierenden Stadt, entfaltet sich das Talent eines Wunderkindes, dessen Ehrgeiz ihn auf einen Weg führt, der sowohl mit Triumphen als auch mit inneren Konflikten gepflastert ist.

Morphy, ein junger Mann mit einer Leidenschaft für das Spiel, verbringt oft Stunden an seinem Schachbrett, die Augen fest auf die Figuren gerichtet. Er sieht nicht nur Holz und Lack, sondern die unendlichen Möglichkeiten, die jede Partie ihm bietet. Doch während er seine Strategien entwickelt, wird ihm bewusst, dass der Weg zum Ruhm nicht nur von seinem Können abhängt, sondern auch von den Erwartungen, die andere an ihn stellen. Diese Erwartungen drücken schwer auf seinen Schultern, und oft fragt er sich, ob er den hohen Ansprüchen gerecht werden kann.

Seine ersten Turniere sind sowohl eine Bühne für sein Talent als auch ein Test seiner Entschlossenheit. Morphy kämpft gegen erfahrene Spieler, die ihn unterschätzen, weil er noch jung ist. Doch mit jedem Sieg wächst sein Selbstvertrauen, und die Anerkennung seiner Fähigkeiten beginnt, sich in der Schachgemeinschaft auszubreiten. Die Zuschauer sind fasziniert von seinem Spielstil, der sowohl innovativ als auch aggressiv ist. Morphy spielt nicht nur, um zu gewinnen; er spielt, um zu begeistern und um die Grenzen des Schachspiels neu zu definieren.

Doch mit dem Ruhm kommen auch die Herausforderungen. Die Schatten seiner eigenen Erwartungen verfolgen ihn, und die Angst vor dem Versagen wird zu einem ständigen Begleiter. In stillen Momenten, wenn die Menge verstummt und die Lichter gedimmt sind, fragt er sich, ob der Preis für den Ruhm zu hoch ist. Er hat bereits viele Opfer gebracht: Zeit mit Freunden, familiäre Bindungen und sogar seine eigene Kindheit scheinen ihm zu entgleiten, während er sich in die Welt des Schachs vertieft.

Die innere Zerrissenheit wird intensiver, als er sich mit den ersten ernsthaften Rückschlägen konfrontiert sieht. Ein verlorenes Spiel, das ihm den Titel kosten könnte, lässt ihn an seinen Fähigkeiten zweifeln. In diesen dunklen Stunden sucht er Trost bei seinem Mentor Samuel Duval, der ihm nicht nur strategische Ratschläge gibt, sondern auch als emotionaler Anker fungiert. Duval erkennt die Kämpfe, die Morphy ausfechten muss, und versucht, ihn daran zu erinnern, dass wahre Größe nicht nur im Gewinnen liegt, sondern auch im Umgang mit Niederlagen.

Die Themen von Ruhm und den damit verbundenen Opfern werden in Morphys Leben immer deutlicher. Während er sich bemüht, seinen Platz in der Schachwelt zu behaupten, wird ihm klar, dass jeder Schritt nach vorne auch einen Preis hat. Die Rivalität mit anderen Spielern, insbesondere mit denen, die bereit sind, alles zu tun, um ihn zu besiegen, verstärkt seinen inneren Konflikt. Er muss lernen, dass der Kampf um Anerkennung nicht nur auf dem Schachbrett stattfindet, sondern auch in seinem Herzen und Geist.

Die Herausforderungen, die Morphy bewältigen muss, sind nicht nur äußerlich. Sie sind tief in seinem Wesen verwurzelt, und während er sich seinen eigenen Erwartungen stellt, erkennt er, dass der Weg zum Ruhm nicht nur eine Reise des Erfolgs ist, sondern auch eine Suche nach Identität und Selbstakzeptanz. Die Schachfiguren auf dem Brett spiegeln die Kämpfe wider, die er in seinem Inneren führt, und jeder Zug wird zu einem Symbol für seinen unermüdlichen Ehrgeiz.

So beginnt Morphys Aufstieg zur Legende, ein Weg, der ihn nicht nur als Schachmeister, sondern auch als Mensch formen wird. Die Leser werden Zeugen seiner Transformation, während er lernt, dass der wahre Ruhm nicht nur im Sieg liegt, sondern auch in der Fähigkeit, die eigenen Ängste zu überwinden und die Herausforderungen des Lebens mit Mut und Entschlossenheit anzunehmen. Die Schachwelt wird sich bald an ihn erinnern, nicht nur als an einen Meister, sondern als an einen Visionär, der die Regeln des Spiels neu definierte und die Herzen der Menschen eroberte.

7.2 Fischers Kampf gegen die Einsamkeit

In der bedrückenden Stille des Zimmers saß Bobby Fischer allein an seinem Schachbrett, umgeben von den starren Figuren, die wie stumme Zeugen seiner inneren Zerrissenheit wirkten. Jeder seiner Züge war nicht nur ein strategischer Schritt im Spiel, sondern auch ein Spiegelbild seiner tiefsten Ängste und Unsicherheiten. Die Einsamkeit, die ihn umgab, war mehr als nur das Fehlen von Menschen; sie war ein emotionaler Zustand, der ihn wie ein Schatten verfolgte.

In den letzten Monaten hatte Fischer einen beispiellosen Ruhm erlangt, doch dieser Ruhm kam mit einem Preis, den er nicht bereit war zu zahlen. Die ständigen Erwartungen, die auf ihm lasteten, und der Druck, der von den Medien und seinen Anhängern ausgeübt wurde, nagten an seiner Psyche. Während andere Spieler in der Gemeinschaft Trost und Unterstützung fanden, fühlte sich Fischer isoliert, als wäre er in einem goldenen Käfig gefangen. Seine einzige Gesellschaft waren die Schachfiguren, die er mit einer Mischung aus Hingabe und Verzweiflung bewegte.

Die Beziehung zu Mira Takagi, der talentierten Schachspielerin, die ihm oft zur Seite stand, war kompliziert. Ihre Gespräche über Strategien und Taktiken waren oft von einem unausgesprochenen Gefühl der Zuneigung durchzogen. Doch Fischer kämpfte mit dem Gedanken, dass er nicht in der Lage war, jemandem wirklich nahe zu sein. Die Einsamkeit war wie ein unsichtbares Band, das ihn daran hinderte, sich auf die Liebe und Loyalität zu konzentrieren, die Mira ihm bot. Er fühlte sich, als würde er sie zurückstoßen, selbst wenn er sich nach ihrer Nähe sehnte.

Jede Partie, die er spielte, wurde zu einem Kampf gegen seine eigenen Dämonen. Er erinnerte sich an die Worte seines Mentors, die ihn oft dazu ermutigten, seine Emotionen in das Spiel zu kanalisieren. "Nutze deine Einsamkeit, Bobby", hatte sein Mentor gesagt. "Lass sie dich stärker machen." Doch je mehr er versuchte, diese Einsamkeit in Stärke umzuwandeln, desto mehr schien sie ihn zu erdrücken. Die Figuren auf dem Brett wurden zu Symbolen seiner Isolation, jeder Verlust ein weiterer Schlag gegen sein ohnehin schon fragiles Selbstwertgefühl.

In einem entscheidenden Moment, als er sich auf ein bevorstehendes Turnier vorbereitete, wurde Fischers innere Zerrissenheit besonders deutlich. Er saß vor dem Spiegel und betrachtete sein eigenes Spiegelbild, das ihm fremd vorkam. "Wer bist du wirklich, Bobby?", fragte er sich. Der Druck, der von außen auf ihn einwirkte, vermischte sich mit den Fragen, die er sich selbst stellte. War er der Schachmeister, den alle bewunderten, oder nur ein einsamer Mann, der versuchte, seinen Platz in einer Welt zu finden, die ihn nicht verstand?

Die Gedanken an seine Kindheit, an die Einsamkeit, die ihn bereits damals verfolgt hatte, kamen zurück. Er erinnerte sich an die Stunden, die er allein mit seinen Schachbüchern verbracht hatte, während andere Kinder draußen spielten. Diese Erinnerungen waren sowohl eine Quelle des Stolzes als auch des Schmerzes. Sie erinnerten ihn daran, dass er immer anders gewesen war, ein Außenseiter, der in der Welt des Schachs Zuflucht suchte. Doch jetzt, wo er an der Spitze stand, fühlte er sich mehr denn je verloren.

Als das Turnier näher rückte, spürte Fischer, wie die Einsamkeit ihn mehr und mehr lähmte. Die starren Gesichter der Zuschauer, die ihn anfeuerten, schienen ihn zu beobachten, als wäre er ein Experiment, das es zu analysieren galt. Er konnte die Erwartungen förmlich spüren, die in der Luft hingen, und sie schnürten ihm die Kehle zu. In diesen Momenten wünschte er sich nichts sehnlicher, als die Gewissheit, dass jemand an seiner Seite stand, um ihn zu unterstützen, doch die Einsamkeit war ein ständiger Begleiter.

Die Herausforderungen des Ruhms hatten ihn an den Rand des Wahnsinns getrieben. Während er seine Züge plante, dachte er nicht nur an die Schachpartie, sondern auch an die innere Schlacht, die er täglich führte. Er wusste, dass er die Kontrolle über sein Spiel zurückgewinnen musste, aber die Einsamkeit schien ihn fest im Griff zu haben. In der Dunkelheit seines Zimmers, umgeben von den starren Figuren, kämpfte er nicht nur um den Titel, sondern auch um seine eigene Seele.

Die Fragen, die ihn quälten, blieben unbeantwortet, während er versuchte, seinen Platz in der Welt zu finden. Fischer war ein Meister am Schachbrett, aber der Preis des Erfolgs schien ihm immer höher zu erscheinen. Die Einsamkeit war nicht nur ein Gefühl; sie war eine Realität, die ihn bis ins Mark traf. Und während er sich auf das Turnier vorbereitete, wusste er, dass er sich nicht nur gegen seine Gegner, sondern auch gegen die tiefsten Ängste in seinem Inneren behaupten musste.

7.3 Die Schattenzüge beobachten jeden Schritt

In der schummrigen Atmosphäre des Schachsaals, durchzogen von einem Hauch aus Nervosität und ungeduldiger Erwartung, saßen Paul Morphy und Bobby Fischer an ihren Tischen. Unwissend darüber, dass sie nicht nur gegeneinander, sondern auch gegen unsichtbare Fäden kämpften, die von der geheimnisvollen Organisation "Die Schattenzüge" gesponnen wurden.

Diese Organisation, unter dem skrupellosen Kommando von Helena von Wirth, hatte ihre Manipulationen so geschickt in das Gewebe ihrer Rivalität eingewebt, dass die beiden Spieler sich ihrer wahren Gegner nicht einmal bewusst waren.

Helena beobachtete das Geschehen aus den Schatten, ihre grünen Augen funkelten vor Freude über die Kontrolle, die sie über die beiden Schachgenies hatte. Ihre Intrigen hatten Morphy und Fischer gegeneinander ausgespielt, ihre Ambitionen gelenkt und ihre Entscheidungen beeinflusst.

Jeder Zug, den sie machten, war ein weiterer Schritt in einem Spiel, das sie nicht gewinnen konnten, ohne die Fäden der Schattenzüge zu durchtrennen. Morphy, der unermüdlich nach Ruhm strebte, und Fischer, gefangen in seiner Einsamkeit, waren nichts weiter als Figuren auf Helenas Schachbrett.

Während Morphy sich auf sein nächstes Spiel vorbereitete, überkam ihn eine wachsende Unruhe. Ein Gefühl, dass etwas Größeres als er selbst ihn beobachtete, schien ihn zu verfolgen, als ob unsichtbare Augen jeden seiner Schritte verfolgten.

In den letzten Wochen hatte er Rückschläge erlitten, die ihn an den Rand des Zweifels gebracht hatten. War es möglich, dass seine Gegner mehr wussten, als sie vorgaben? Hatte Helena Einfluss auf seine Entscheidungen genommen, ohne dass er es bemerkte?

Diese Fragen nagten an ihm, während er versuchte, sich auf das Schachbrett zu konzentrieren.

Auf der anderen Seite des Saals saß Bobby Fischer, dessen innere Dämonen ihn in einen Strudel aus Angst und Paranoia zogen. Die Einsamkeit, die ihn umgab, schien ihn zu erdrücken, und die Manipulationen der Schattenzüge verstärkten seine Isolation.

Er hatte das Gefühl, dass jede Entscheidung, die er traf, von einer unsichtbaren Hand gelenkt wurde. Die Stimmen in seinem Kopf flüsterten ihm zu, dass er nicht nur gegen Morphy spielte, sondern auch gegen die Dunkelheit, die ihn umgab.

In diesem Moment der inneren Zerrissenheit wurde ihm klar, dass er nicht länger nur ein Schachmeister war; er war ein Krieger, der gegen die Schatten kämpfte, die ihn bedrohten.

Die Spannung zwischen den beiden Spielern war greifbar, während sie sich auf das bevorstehende Duell vorbereiteten. Morphy und Fischer waren sich nicht bewusst, dass ihre Rivalität nicht nur ihre Karrieren, sondern auch ihre Seelen in den Abgrund treiben könnte.

Helena von Wirth hatte ihre Fäden so fest gesponnen, dass es für sie unmöglich war, sich zu befreien, ohne die Kontrolle über ihr eigenes Schicksal zu verlieren. Die Schattenzüge hatten die Macht, ihre Träume zu zerstören, und doch waren sie beide entschlossen, nicht aufzugeben.

Als die ersten Züge gemacht wurden, spürte Morphy die Kälte des Schachbretts unter seinen Fingern. Jeder Zug war ein Risiko, jeder Fehler könnte das Ende seiner Träume bedeuten.

Er war sich bewusst, dass die Schattenzüge nicht nur die Spiele manipulierten, sondern auch die Herzen der Spieler. Die Organisation hatte ihre eigenen Ziele, und sie würden nicht zögern, die beiden Genies gegeneinander auszuspielen, um ihre eigenen Interessen zu wahren.

Fischer hingegen fühlte sich wie ein Gefangener in seinem eigenen Geist. Die Stimmen, die ihn quälten, wurden lauter, während er sich auf das Spiel konzentrierte.

Er wusste, dass er die Kontrolle über sein Leben zurückgewinnen musste, aber die Schattenzüge hatten ihn in eine Ecke gedrängt, aus der es kein Entkommen gab. Er musste einen Weg finden, sich von ihrem Einfluss zu befreien, bevor es zu spät war.

Das Kapitel endete mit einem Gefühl der Dringlichkeit und der Vorfreude auf die kommenden Konflikte. Morphy und Fischer standen am Anfang eines Kampfes, der nicht nur um den Titel des Weltmeisters ging, sondern auch um ihre Seelen.

Die Schattenzüge hatten ihre Macht demonstriert, und nun lag es an den beiden Spielern, sich gegen die Manipulationen zu wehren, die sie in den Abgrund ziehen wollten. Die nächsten Züge würden entscheidend sein, und die Welt des Schachs würde nie wieder dieselbe sein.

8
Der Wendepunkt

8.1 Das entscheidende Duell: Morphy gegen Fischer

Ein elektrisierendes Prickeln durchzog die Luft des großen Saals, während sich die Zuschauer um das Schachbrett scharten, das bald zum Schauplatz eines der denkwürdigsten Duelle in der Schachgeschichte werden sollte. Paul Morphy, das Wunderkind aus New Orleans, und Bobby Fischer, der einsame Krieger aus Brooklyn, standen sich gegenüber, jeder von ihnen fest entschlossen, den Titel des Weltmeisters zu erringen. Die Spannung war greifbar, als die beiden Genies ihre Plätze einnahmen und die ersten Züge auf dem Brett vollzogen.

Die Zuschauer hielten den Atem an, als Morphy mit einem präzisen e4 eröffnete. Sein Gesichtsausdruck war konzentriert, seine Augen funkelten vor Entschlossenheit. Er wusste, dass jeder Zug nicht nur über den Ausgang des Spiels entscheiden würde, sondern auch über sein Erbe in der Schachwelt. Fischer hingegen, mit seiner unruhigen Präsenz und dem starren Blick, erwiderte mit e5, bereit, sich dem Sturm entgegenzustellen, der in Form von Morphys strategischem Genie auf ihn zukam.

Die ersten Züge waren wie das Aufeinandertreffen zweier mächtiger Wellen, die sich in einem unaufhaltsamen Ozean begegnen. Morphy, bekannt für seine aggressive Spielweise, setzte schnell seine Figuren in Bewegung. Die Springer sprangen vorwärts, die Läufer schossen über das Brett, während er versuchte, Fischer in eine defensive Position zu drängen. Jeder Zug war durchdacht, jede Entscheidung war das Ergebnis jahrelanger harter Arbeit und unermüdlichen Studiums der Schachkunst.

Fischer, der sich der Herausforderung bewusst war, reagierte mit einer bemerkenswerten Ruhe. Er ließ sich nicht von Morphys offensivem Spiel aus der Fassung bringen. Stattdessen begann er, seine eigenen Pläne zu schmieden, indem er seine Figuren strategisch positionierte. Die Zuschauer konnten die inneren Kämpfe in Fischers Augen sehen – der Druck, die Erwartungen, die Einsamkeit, die ihn oft heimsuchte. Doch in diesem Moment war er entschlossen, nicht nur gegen Morphy, sondern auch gegen seine eigenen Dämonen zu kämpfen.

Die ersten Minuten des Spiels vergingen wie im Flug, und die Spannung im Raum stieg ins Unermessliche. Jeder Zuschauer war gebannt von der Dynamik zwischen den beiden Spielern. Morphy, der strahlende Held der Schachwelt, und Fischer, der tragische Protagonist, dessen Einsamkeit ihn oft in die Dunkelheit führte. Ihre Rivalität war nicht nur ein Wettkampf um den Titel, sondern auch ein Kampf um Identität und Anerkennung.

Als die Partie fortschritt, wurden die Züge komplexer und die Strategien raffinierter. Morphy setzte auf seine berühmten Kombinationen, während Fischer mit einer bemerkenswerten Gelassenheit konterte. Die Figuren bewegten sich über das Brett wie Tänzer in einem sorgfältig choreografierten Ballett, jeder Schritt war entscheidend, jeder Fehler könnte fatale Folgen haben. Die Zuschauer waren fasziniert von der Intensität des Spiels, das sich vor ihren Augen entfaltete.

In einem kritischen Moment entschied sich Morphy für einen riskanten Zug, der die Menge in Aufregung versetzte. Er opferte einen seiner wertvollsten Läufer, um Fischer in eine Falle zu locken. Die Anspannung war spürbar, als Morphy die Figur vom Brett nahm und sie auf die Seite legte. Die Zuschauer hielten den Atem an, während sie darauf warteten, wie Fischer reagieren würde. War dies der Moment, in dem Morphy die Oberhand gewinnen würde?

Fischer, unbeeindruckt von Morphys kühner Entscheidung, lächelte leicht. Er hatte die Situation genau analysiert und wusste, dass Morphys Opfer nicht so einfach zu einem Sieg führen würde. Mit einem kühlen Kopf spielte er weiter, nutzte die Gelegenheit, um seine eigenen Figuren zu aktivieren und Morphy unter Druck zu setzen. Es war ein Spiel der Nerven, und jeder Spieler wusste, dass der Ausgang ungewiss war.

Die Uhr tickte unerbittlich, und die Zeit wurde zu einem weiteren Gegner in diesem epischen Duell. Morphy und Fischer waren sich der Dringlichkeit bewusst, jeder Zug musste präzise und überlegt sein. Die Schattenzüge, die im Hintergrund agierten, schienen die Atmosphäre zusätzlich zu belasten, während sie ihre Manipulationen im Verborgenen fortsetzten. Die Zuschauer spürten die drohende Gefahr, die über dem Spiel schwebte, und die Unsicherheit, die die Rivalität zwischen den beiden Spielern umgab.

Als die Partie in die entscheidende Phase eintrat, war klar, dass es nicht nur um den Titel ging, sondern auch um die Ehre, die Identität und die Zukunft beider Spieler. Die Spannung zwischen Morphy und Fischer war greifbar, während sie sich den Herausforderungen des Wettkampfs stellten. In diesem entscheidenden Moment, in dem alles auf dem Spiel stand, wurde das Schachbrett zum Schauplatz eines Kampfes, der weit über das Spiel hinausging.

8.2 Enthüllungen, die alles verändern

Die Anspannung im Raum war spürbar, als Paul Morphy und Bobby Fischer sich am Schachbrett gegenüberstanden. Die Zuschauer hielten den Atem an, während die ersten Züge gespielt wurden. Doch hinter der Fassade des Wettkampfs brodelten Geheimnisse, die darauf warteten, ans Licht zu kommen. Jeder Zug war nicht nur ein strategischer Schritt auf dem Brett, sondern auch ein Schritt in Richtung der Enthüllungen, die alles verändern könnten.

Paul fühlte das Gewicht der Erwartungen auf seinen Schultern. Sein ganzes Leben hatte er auf diesen Moment hingearbeitet, um zu brillieren. Doch während er über das Brett nachdachte, schlich sich ein Gefühl der Unsicherheit in seine Gedanken. Was, wenn die Schattenzüge, diese geheimnisvolle Organisation, die ihn und Fischer manipulierte, einen Plan hatte, der über das Schachspiel hinausging? Was, wenn sie nicht nur um den Titel spielten, sondern um etwas viel Größeres?

In der Ecke des Raumes beobachtete Helena von Wirth das Geschehen mit einem selbstzufriedenen Lächeln. Sie wusste, dass sie die Fäden zog, die das Schicksal beider Spieler bestimmten. Ihre Manipulationen waren subtil, aber effektiv. Während Morphy und Fischer sich gegenseitig herausforderten, bereitete sie ihre nächste Bewegung vor. Die Machtspiele, die sie inszenierte, waren nicht nur für den Sieg im Spiel entscheidend, sondern auch für die Kontrolle über die beiden Männer, die in ihren Ambitionen gefangen waren.

Als die Partie fortschritt, begann Bobby, die Kontrolle über seine Emotionen zu verlieren. Die Einsamkeit, die ihn oft begleitete, drängte sich in den Vordergrund. Er erinnerte sich an Mira Takagi, die talentierte Schachspielerin, die ihm immer wieder Mut gemacht hatte. Ihre Loyalität war unerschütterlich, doch in diesem Moment fühlte er sich von der Welt entfremdet. Die Schattenzüge hatten nicht nur Einfluss auf das Spiel, sondern auch auf seine inneren Kämpfe. War es wirklich möglich, gegen die Dunkelheit in seinem Herzen zu gewinnen, während er gleichzeitig gegen Morphy kämpfte?

Die ersten Züge waren gespielt, und die Spannungen waren spürbar. Paul nutzte seine gewohnte Strategie, doch etwas fühlte sich anders an. Ein Blick über das Brett zu Bobby verriet ihm, dass auch sein Rivale mit inneren Dämonen kämpfte. Die beiden Männer waren nicht nur Gegner; sie waren Spiegelbilder ihrer eigenen Ängste und Hoffnungen. Paul fragte sich, ob die Schattenzüge nicht auch ihre Rivalität beeinflussten, indem sie alte Wunden aufrissen und neue Konflikte schürten.

Ein unerwarteter Zug von Bobby ließ Paul innehalten. Es war ein riskanter Schritt, der nicht nur das Spiel, sondern auch die Dynamik zwischen ihnen veränderte. Plötzlich wurde Paul klar, dass Bobby nicht nur um den Titel kämpfte, sondern auch um seine eigene Identität. Die Frage, die sich ihm stellte, war: Wie weit würde Bobby gehen, um seine inneren Dämonen zu besiegen? Und was würde das für Paul bedeuten?

Inmitten dieser Gedanken kam eine weitere Enthüllung ans Licht. Während die beiden Spieler sich auf das Schachbrett konzentrierten, hatte Helena einen geheimen Plan geschmiedet, der nicht nur die Rivalität zwischen Morphy und Fischer, sondern auch die Beziehung zu Mira beeinflussen könnte. Ihre Manipulationen reichten tiefer, als die beiden Männer ahnten. Paul spürte, dass er nicht nur gegen Bobby, sondern auch gegen eine unsichtbare Macht kämpfte, die alles kontrollierte.

Die Partie nahm eine Wendung, als Paul sich entschloss, seine Strategie zu ändern. Er wollte nicht nur gewinnen; er wollte die Wahrheit ans Licht bringen. Die Schattenzüge hatten zu lange im Verborgenen agiert, und es war an der Zeit, ihre Machenschaften zu entlarven. Mit jedem Zug, den er machte, fühlte er sich stärker, als würde er nicht nur das Spiel, sondern auch seine eigenen Ängste überwinden.

Doch Bobby war ebenfalls entschlossen. In diesem Moment wurde ihm klar, dass er nicht allein war. Paul war nicht nur ein Rivale, sondern auch ein Verbündeter im Kampf gegen die Schattenzüge. Gemeinsam könnten sie die Wahrheit aufdecken und die Manipulationen beenden, die sie beide in ihrer Karriere behindert hatten. Diese Erkenntnis gab Bobby neuen Mut und ließ ihn die Einsamkeit für einen Moment vergessen.

Die letzten Züge des Spiels waren entscheidend. Paul und Bobby standen am Rand eines Abgrunds, an dem sich ihre Schicksale kreuzten. Die Enthüllungen, die während des Duells ans Licht kamen, waren nicht nur für das Spiel von Bedeutung, sondern auch für ihre persönliche Entwicklung. Wahrheit und Täuschung verschmolzen in einem Wettlauf gegen die Zeit, während die Schattenzüge im Hintergrund lauerten, bereit, zuzuschlagen.

Als die Partie zu Ende ging, war es klar: Nichts würde mehr so sein wie zuvor. Die Entscheidungen, die sie getroffen hatten, würden nicht nur ihre Rivalität definieren, sondern auch die Art und Weise, wie sie sich selbst und ihre Zukunft sahen. Die Schattenzüge hatten ihre Macht gezeigt, doch Paul und Bobby waren bereit, sich dem zu stellen, was vor ihnen lag.

8.3 Die Schattenzüge zeigen ihre Macht

Ein elektrisches Prickeln durchzog die Luft im Turniersaal, als die ersten Züge auf dem Schachbrett vollzogen wurden. Paul Morphy und Bobby Fischer saßen sich gegenüber, jeder in einen tiefen Strudel aus Konzentration und Nervosität eingetaucht. Während sie sich auf das Duell konzentrierten, schwebte eine unsichtbare Bedrohung über ihnen – die Schattenzüge. Diese geheimnisvolle Organisation hatte ihre Fäden längst gesponnen und beobachtete jeden Zug, jede Entscheidung, die die beiden Schachgenies trafen.

Helena von Wirth, die charismatische Anführerin der Schattenzüge, saß in der Dunkelheit des Zuschauerraums, ihr Gesicht von einem schattenhaften Schleier umgeben. Ihre grünen Augen funkelten vor Berechnung, während sie die beiden Spieler musterte. "Es ist an der Zeit, die Kontrolle zu übernehmen", murmelte sie leise, als sie die subtilen Signale gab, die die Schattenzüge aktivieren würden. Ein leichtes Nicken genügte, und ihre Handlanger begannen, die ersten Schritte zu unternehmen, um den Ausgang des Spiels zu beeinflussen.

Währenddessen bewegte sich Morphy mit einer Mischung aus Eleganz und Entschlossenheit. Jeder Zug, den er machte, war durchdacht, doch in seinem Inneren nagte ein Gefühl der Unsicherheit. Hatte er wirklich die Kontrolle über das Spiel, oder waren seine Entscheidungen bereits von den Schattenzügen manipuliert worden? Der Gedanke ließ ihn frösteln, doch er versuchte, sich auf das Brett zu konzentrieren. Die Figuren schienen ihm zuzuhören, während er sie mit einem strategischen Plan befehligte. Doch in den Tiefen seines Geistes spürte er die Präsenz der Schattenzüge, die wie dunkle Wolken über ihm schwebten.

Bobby Fischer hingegen kämpfte nicht nur gegen Morphy, sondern auch gegen die inneren Dämonen, die ihn seit Jahren quälten. Die Einsamkeit und der Druck, der auf ihm lastete, waren erdrückend. Er wusste, dass die Schattenzüge hinter ihm standen, bereit, ihn zu Fall zu bringen, wenn er auch nur einen Fehler machte. "Komm schon, Bobby", flüsterte er sich selbst zu, "du bist besser als das." Doch die Zweifel nagten an ihm, und er konnte die Stimmen der Schattenzüge hören, die ihm ins Ohr flüsterten: "Du bist allein. Niemand wird dir helfen."

Die Spannung im Raum stieg, als die ersten kritischen Züge gemacht wurden. Morphy setzte einen Bauern vor, während Fischer mit einem Springer konterte. Es war ein klassisches Duell, das die Zuschauer in seinen Bann zog. Doch während die Zuschauer applaudierten, bemerkte niemand die subtilen Manipulationen, die im Hintergrund stattfanden. Helena hatte ihre Handlanger instruiert, kleine Ablenkungen zu schaffen, um die Konzentration der Spieler zu stören. Ein unerwartetes Geräusch hier, ein Schatten dort – es war genug, um die Nerven der beiden Meister zu strapazieren.

"Sie versuchen, dich zu beeinflussen, Bobby", dachte Fischer, als er den Blick über den Raum schweifen ließ. Er sah die Gesichter der Zuschauer, die ihm vertraut waren, aber auch die unbekannten Gesichter, die ihm Unbehagen bereiteten. Die Schattenzüge waren überall, und sie hatten ihre Augen auf ihn gerichtet. "Ich muss stark bleiben", flüsterte er, während er sich auf das Brett konzentrierte. Doch die Zweifel blieben, und die Stimmen der Schattenzüge wurden lauter.

In einem entscheidenden Moment des Spiels, als die Spannung ihren Höhepunkt erreichte, wagte Morphy einen kühnen Zug. Er opferte einen seiner Türme, um eine entscheidende Stellung zu erreichen. Die Zuschauer hielten den Atem an, während die Schachfiguren auf dem Brett in einer perfekten Harmonie tanzten. Doch in diesem Moment, als Morphy den Zug machte, spürte er die Präsenz der Schattenzüge stärker denn je. "Was, wenn ich falsch liege? Was, wenn sie mich in eine Falle gelockt haben?"

Gerade als die Spannung ihren Höhepunkt erreichte, ertönte ein lautes Geräusch aus der Ecke des Raumes. Ein Stuhl fiel um, und die Menge wandte sich erschrocken um. In diesem Augenblick der Ablenkung schien die Zeit stillzustehen. Morphy und Fischer sahen sich an, und in ihren Blicken lag eine unausgesprochene Erkenntnis: Die Schattenzüge waren nicht nur Zuschauer; sie waren aktive Spieler in diesem gefährlichen Spiel.

Das Kapitel endete mit einem Cliffhanger, als beide Spieler in die Augen des anderen blickten und die unheilvolle Vorahnung spürten, dass dies erst der Anfang eines viel größeren Spiels war. Die Schattenzüge hatten ihre Macht demonstriert, und nun war es an Morphy und Fischer, sich den Herausforderungen zu stellen, die diese geheimnisvolle Organisation für sie bereithielt. Das Schicksal beider Spieler hing am seidenen Faden, und die nächsten Züge würden alles entscheiden.

9
Der innere Konflikt

9.1 Morphy kämpft mit seinen Ambitionen

Als die letzten Strahlen der Sonne hinter den Dächern von New Orleans verschwanden, saß Paul Morphy an seinem Schachbrett und fühlte sich von der schwülen Luft, die durch das offene Fenster strömte, wie in einen schweren Mantel gehüllt. Vor ihm lagen die Figuren, jede ein Abbild seiner Hoffnungen und Ängste. In diesem Augenblick war er nicht bloß ein Spieler; er war ein Krieger, der gegen die Erwartungen seiner Umgebung ankämpfte.

Sein Ehrgeiz kannte keine Grenzen, doch je näher er dem Ruhm rückte, desto intensiver nagten die Zweifel an ihm. Morphy hatte sich einen Namen erarbeitet, doch der Preis dafür schien höher zu sein, als er jemals erwartet hatte. Die Worte seines Mentors Samuel Duval hallten in seinem Kopf: "Der wahre Meister ist nicht der, der die meisten Spiele gewinnt, sondern der, der sich selbst versteht." Doch wie sollte er sich selbst verstehen, wenn die Welt um ihn herum so laut war, so voller Erwartungen und Forderungen?

Die Herausforderungen, die vor ihm lagen, waren nicht nur die Gegner am Schachbrett. Es waren die Stimmen seiner Familie, die ihm einflüsterten, dass er der Beste sein müsse, die Zuschauer, die auf seinen Erfolg warteten, und die ständige Angst vor dem Scheitern. Oft fühlte sich Morphy wie ein Schauspieler in einem Stück, dessen Drehbuch er nicht selbst verfasst hatte. Die Rollen waren festgelegt, und er musste sie spielen, auch wenn sie ihm nicht passten.

In seinen Gedanken kreisten die Fragen: Was bedeutete es, ein Schachmeister zu sein? War es der Ruhm, der mit dem Titel einherging, oder war es die Kunst des Spiels selbst? Morphy betrachtete die Schachfiguren vor sich und erkannte, dass jede Bewegung eine Entscheidung war, die weitreichende Konsequenzen nach sich zog. Wie im Leben musste er strategisch denken, Risiken eingehen und manchmal auch Opfer bringen. Doch die Frage blieb: Was war er bereit zu opfern?

Er blickte auf das Bild eines Schachmeisters, das an der Wand hing. Der Mann auf dem Bild hatte triumphiert, doch Morphy wusste, dass hinter jedem Sieg eine Geschichte von Verlust und Schmerz steckte. Er dachte an die anderen Spieler, die er auf seinem Weg getroffen hatte – einige waren gescheitert, andere hatten sich zurückgezogen. Hatte er das Zeug dazu, die Herausforderungen zu meistern, die auf ihn warteten? Oder würde er in der Stille der Einsamkeit enden, während die Welt um ihn herum weiterzog?

Die Erinnerungen an seine ersten Turniere kamen zurück. Damals war alles einfacher gewesen. Der Nervenkitzel des Spiels, die Freude am Wettkampf – sie hatten ihn angetrieben. Doch jetzt fühlte sich das Spiel an wie ein Käfig, aus dem es kein Entkommen gab. Morphy war gefangen zwischen dem Drang, der Beste zu sein, und der Angst, nicht zu genügen. Diese innere Zerrissenheit war wie ein Schatten, der ihn ständig verfolgte.

"Du musst dich entscheiden, Paul", flüsterte eine innere Stimme. "Willst du für die Anerkennung kämpfen oder für die Liebe zum Spiel?" Morphy schloss die Augen und atmete tief ein. Die Antwort war ihm nicht klar, und das machte ihn wütend. Wieso konnte er nicht einfach beides haben? Warum musste er sich entscheiden zwischen dem, was die Welt von ihm erwartete, und dem, was er wirklich wollte?

Er öffnete die Augen und sah die Figuren erneut an. Sie schienen ihn herauszufordern, als ob sie ihm sagen wollten, dass jeder Zug, den er machte, eine Entscheidung über sein Leben war. Morphy wusste, dass er nicht nur für sich selbst spielte, sondern auch für all jene, die an ihn glaubten. Der Druck war erdrückend, und dennoch fühlte er sich gleichzeitig lebendig. In diesen Momenten des Zweifels und der Unsicherheit entdeckte er eine neue Dimension seiner Identität.

"Ich werde meinen eigenen Weg finden", murmelte er entschlossen. "Ich werde nicht zulassen, dass die Erwartungen anderer mich definieren." Mit dieser Erkenntnis begann er, die Figuren auf dem Brett neu anzuordnen. Jeder Zug wurde zu einem Symbol seiner Entschlossenheit, seinen eigenen Weg zu gehen. Morphy wusste, dass der Weg steinig sein würde, aber er war bereit, die Herausforderungen anzunehmen, die vor ihm lagen.

Die Nacht war hereingebrochen, und das Licht der Straßenlaternen warf lange Schatten auf die Wände seines Zimmers. In diesem Moment war Paul Morphy nicht nur ein Spieler, sondern ein Visionär, der entschlossen war, die Schachwelt zu revolutionieren. Sein innerer Konflikt war noch lange nicht gelöst, aber er hatte den ersten Schritt gemacht, um sich selbst zu finden.

9.2 Fischers innere Dämonen werden stärker

Das Zimmer war von einer erdrückenden Stille erfüllt, während Bobby Fischer einsam an seinem Schachbrett saß. Die Figuren schienen ihn mit starren Blicken zu verfolgen, als könnten sie seine tiefsten Gedanken ergründen. Jeder seiner Züge wurde von einem überwältigenden Gefühl der Einsamkeit begleitet, das wie ein dunkler Schatten über ihm schwebte. In diesen stillen Momenten kämpfte er nicht nur gegen seine Gegner, sondern auch gegen die Dämonen, die in ihm lauerten.

Fischers Gedanken drifteten zurück zu den einsamen Stunden seiner Kindheit, die er mit Schachspielen verbracht hatte, während andere Kinder draußen Freude hatten. Diese Erinnerungen waren bittersüß; sie weckten die Freude, die ihm das Spiel einst brachte, aber auch die Isolation, die oft sein Begleiter war. Der Druck, als Schachgenie anerkannt zu werden, lastete schwer auf seinen Schultern. Es war ein ständiger Kampf zwischen dem Streben nach Ruhm und der lähmenden Angst vor dem Versagen.

Seine Überlegungen wurden jäh von der Erinnerung an das letzte Turnier unterbrochen, in dem er gegen Morphy antreten musste. Der Druck, den Titel zu gewinnen, war erdrückend gewesen. So sehr hatte er sich auf den Sieg konzentriert, dass er die kleinen Freuden des Spiels aus den Augen verloren hatte. Jetzt, in der Einsamkeit, fühlte er sich verloren in einem Ozean aus Erwartungen und Zweifeln. Was war der Preis für den Ruhm, den er suchte? War es die Einsamkeit, die ihn umgab, oder die ständige Furcht, nicht genug zu sein?

In diesen stillen Momenten begann Fischer, seine Entscheidungen zu hinterfragen. Hatte er wirklich alles gegeben, um der beste Spieler zu werden, oder hatte er lediglich die Erwartungen anderer erfüllt? Die Stimmen in seinem Kopf wurden lauter, und er konnte nicht anders, als sich zu fragen, ob er jemals wirklich glücklich sein würde. Die Schachfiguren vor ihm verwandelten sich in Symbole seiner inneren Kämpfe. Jeder gefallene Bauer erinnerte ihn an die Beziehungen, die er geopfert hatte, um an die Spitze zu gelangen.

Fischer fühlte sich wie ein Gefangener seiner eigenen Ambitionen. Die Einsamkeit, die ihn umgab, war nicht nur eine physische Abwesenheit von Menschen, sondern auch eine emotionale Distanz, die er nicht überwinden konnte. Er dachte an Mira Takagi, die talentierte Schachspielerin, die ihm immer wieder versicherte, dass er nicht allein sei. Doch selbst ihre Worte konnten die Kluft nicht überbrücken, die zwischen ihm und der Welt bestand. Er wollte sich öffnen, wollte seine Ängste teilen, aber die Furcht vor Ablehnung hielt ihn zurück.

Der Preis des Erfolgs schien unermesslich. Während er an den Figuren spielte, spürte er, wie die Dunkelheit in ihm wuchs. Die Ängste, die ihn quälten, wurden zu einem ständigen Begleiter, der ihn daran hinderte, sich auf das Spiel zu konzentrieren. Er fühlte sich, als wäre er in einem endlosen Labyrinth gefangen, ohne einen Ausweg. Jeder Zug, den er machte, war von der Sorge geprägt, dass er nicht gut genug war, dass er nicht gewinnen konnte. Die Einsamkeit war wie ein schwerer Mantel, der ihn erdrückte.

Fischer wusste, dass er sich seinen inneren Dämonen stellen musste, wenn er jemals die Freiheit finden wollte, die er suchte. Er musste lernen, die Einsamkeit zu akzeptieren und sie nicht als Feind, sondern als Teil seiner Reise zu betrachten. Vielleicht war es an der Zeit, die Kontrolle über sein Leben zurückzugewinnen und die Dunkelheit zu bekämpfen, die ihn umgab. Er dachte an Morphy und die Art und Weise, wie dieser mit seinen eigenen Herausforderungen umging. Morphy hatte die Fähigkeit, das Spiel als Kunstform zu betrachten, und Fischer wollte diese Perspektive ebenfalls annehmen.

Mit einem tiefen Atemzug stellte er die Figuren neu auf und bereitete sich darauf vor, erneut zu spielen. Diesmal würde er nicht nur gegen seine Gegner antreten, sondern auch gegen die Ängste, die ihn gefangen hielten. Der Weg zum Erfolg war steinig, aber er war bereit, ihn zu gehen. Vielleicht war es an der Zeit, die Einsamkeit hinter sich zu lassen und die Unterstützung der Menschen um ihn herum anzunehmen. Mit jedem Zug, den er machte, fühlte er sich ein wenig stärker, ein wenig näher an der Freiheit, die er suchte.

9.3 Ein unerwarteter Verbündeter tritt hervor

Die Dämmerung legte sich wie ein sanfter Schleier über die Stadt, während Paul Morphy in einem kleinen Café verweilte, umgeben von den Schatten der Vergangenheit. Der Duft von frisch gebrühtem Kaffee vermischte sich mit dem süßen Aroma von Gebäck, doch sein Geist schwebte weit entfernt von diesen einfachen Freuden. Er fixierte das Schachbrett vor sich, als könnten die Figuren ihm die Antworten auf seine inneren Konflikte offenbaren. Der Druck, der auf seinen Schultern lastete, war erdrückend. In diesen entscheidenden Momenten, in denen er zwischen Ruhm und der Angst vor dem Versagen hin- und hergerissen war, fiel es ihm schwer, einen klaren Gedanken zu fassen.

Plötzlich trat ein neuer Charakter in den Raum – Mira Takagi, die talentierte Schachspielerin, die nicht nur Fischers Herz, sondern auch dessen Verstand gefangen hielt. Ihr Auftreten war wie ein Lichtstrahl, der die düsteren Gedanken von Morphy durchbrach. Mit einem selbstbewussten Lächeln näherte sie sich ihm, ihre Augen funkelten vor Entschlossenheit. "Paul, ich habe etwas Wichtiges mit dir zu besprechen", sagte sie, während sie sich ihm gegenüber setzte. "Wir müssen uns zusammentun, um gegen die Schattenzüge zu kämpfen."

Morphy sah sie an, überrascht von ihrem Vorschlag. "Wie kannst du mir helfen? Ich bin in einem ständigen Kampf mit meinen eigenen Dämonen." Seine Stimme war leise, fast verletzlich. Doch Mira schüttelte den Kopf. "Gerade weil du kämpfst, brauchst du Unterstützung. Wir alle haben unsere Kämpfe, aber gemeinsam können wir stärker sein. Ich kenne die Schattenzüge und ihre Machenschaften. Sie versuchen, uns zu manipulieren, uns gegeneinander auszuspielen."

In diesem Moment spürte Morphy eine Welle der Erleichterung. Es war, als ob ein schwerer Schleier von seinen Schultern gefallen war. Die Idee, nicht allein zu sein, gab ihm neuen Mut. "Ich habe immer gedacht, dass ich meine Kämpfe alleine führen muss", gestand er. "Aber vielleicht ist es an der Zeit, diese Denkweise zu ändern."

Mira nickte, und ihre Augen strahlten Verständnis aus. "Freundschaft und Unterstützung sind keine Schwächen, Paul. Sie sind unsere stärksten Waffen im Kampf gegen die Dunkelheit." Diese Worte hallten in Morphys Geist wider und schufen einen Funken der Hoffnung in seinem Herzen. Gemeinsam würden sie die Herausforderungen meistern, die vor ihnen lagen.

Während sie sich über Strategien austauschten, bemerkte Morphy, wie sich die Dynamik zwischen ihnen veränderte. Die Gespräche flossen leicht, und jeder Gedanke, den sie teilten, schuf eine tiefere Verbindung. Es war nicht nur ein strategisches Bündnis; es war der Beginn einer Freundschaft, die sie beide stärken würde. Die Schattenzüge mochten mächtig sein, aber zusammen fühlten sie sich unbesiegbar.

In der Zwischenzeit, weit entfernt in Brooklyn, kämpfte Bobby Fischer mit seinen eigenen inneren Dämonen. Die Einsamkeit hatte ihn fest im Griff, und die Erinnerungen an vergangene Erfolge schienen ihn nur noch mehr zu belasten. Doch als er an Mira dachte, die sich für ihn einsetzte, spürte er einen Funken Hoffnung. Vielleicht war es an der Zeit, seine Isolation zu überwinden und Hilfe anzunehmen. Das Bild von Paul und Mira, die sich zusammenschlossen, inspirierte ihn, ebenfalls einen Schritt nach vorne zu wagen.

Die Themen von Freundschaft und Unterstützung wurden in diesem Moment für alle drei Charaktere greifbar. Morphy und Mira waren bereit, sich den Schattenzügen entgegenzustellen, während Fischer erkannte, dass er nicht allein war. Die Schatten der Vergangenheit, die sie alle verfolgten, begannen sich zu lichten, und die Vorfreude auf die kommenden Konflikte wuchs.

"Lass uns einen Plan schmieden", sagte Morphy mit neuem Elan. "Gemeinsam können wir die Schattenzüge entlarven und ihre Manipulationen durchkreuzen." Mira lächelte und nickte zustimmend. "Ja, lass uns zeigen, dass wir mehr sind als nur Schachspieler. Wir sind Kämpfer."

Mit einem Gefühl der Hoffnung und Entschlossenheit verließen sie das Café, bereit, sich den Herausforderungen zu stellen, die vor ihnen lagen. In diesem Moment wurde ihnen klar, dass sie nicht nur für sich selbst kämpften, sondern auch füreinander. Die Schattenzüge mochten im Hintergrund agieren, aber die Kraft ihrer neu gefundenen Freundschaft würde sie in den kommenden Kämpfen leiten.

10
Die Schattenzüge schlagen zurück

10.1 Manipulation und Machtspiele entfalten sich

In den dunklen Winkeln der Schachwelt, wo das Licht der Wahrheit oft von Intrigen und Geheimnissen verschlungen wird, beginnt die Organisation "Die Schattenzüge" ihre Fäden zu spinnen. Wie Puppenspieler, die die Bewegungen ihrer Marionetten lenken, ziehen sie die beiden außergewöhnlichen Spieler, Paul Morphy und Bobby Fischer, gegeneinander in einen Strudel aus Manipulation. Diese geheimnisvolle Organisation, angeführt von der charismatischen Helena von Wirth, hat sich das Ziel gesetzt, die Schachwelt nach ihren Vorstellungen zu formen, und ist bereit, alles zu tun, um ihre Macht zu festigen.

Helena, eine Frau von unermüdlichem Ehrgeiz und scharfer Intelligenz, sitzt in einem düsteren Raum, umgeben von alten Schachbrettern und Karten, die die Strategien ihrer Gegner offenbaren. Ihre Augen funkeln vor Entschlossenheit, während sie die nächsten Schritte plant. "Morphy und Fischer", murmelt sie leise, "sie ahnen nicht, dass sie nur Figuren in meinem Spiel sind." Ihre manipulativen Fähigkeiten sind legendär, und sie verfügt über ein Netzwerk von Informanten und Unterstützern, die ihr helfen, die beiden Spieler gegeneinander auszuspielen.

Die Schattenzüge nutzen die Schwächen und Ängste der beiden Schachgenies gnadenlos aus. Morphy, als Wunderkind gefeiert, kämpft mit dem Druck, die Erwartungen seiner Umgebung zu erfüllen. Der Drang, der Größte zu sein, macht ihn anfällig für die subtile Manipulation der Schattenzüge. Fischer hingegen, der einsame Krieger, ist gefangen in seinen inneren Dämonen und der Einsamkeit, die ihn umgibt. Die Schattenzüge erkennen, dass sie diese beiden Charaktere gegeneinander aufhetzen können, indem sie ihre Unsicherheiten und Rivalitäten verstärken.

In einem strategischen Zug sendet Helena eine Nachricht an Morphy, die scheinbar von einem anonymen Unterstützer stammt. "Ich habe Informationen über Fischers nächste Züge", steht in der Nachricht. Morphy, hungrig nach Wissen und einem Vorteil, kann der Versuchung nicht widerstehen. Er sieht in dieser Nachricht die Möglichkeit, Fischer einen Schritt voraus zu sein. Doch was er nicht weiß, ist, dass diese Informationen manipuliert sind, um ihn in eine Falle zu locken.

Währenddessen wird auch Fischer ins Visier genommen. Helena arrangiert ein geheimes Treffen mit einem seiner ehemaligen Rivalen, der ihm zuflüstert, dass Morphy seine Strategie geändert hat und sich auf einen direkten Angriff vorbereitet. Fischer, ohnehin schon von Zweifeln geplagt, beginnt, an seinen Fähigkeiten zu zweifeln. Die Schattenzüge nutzen diese Gelegenheit, um seine Paranoia zu schüren und ihn weiter in die Isolation zu treiben.

Die Manipulationen der Schattenzüge sind nicht nur psychologischer Natur. Sie haben auch physische Auswirkungen auf die Schachwelt. Gerüchte über mögliche Skandale und Unregelmäßigkeiten in den bevorstehenden Turnieren werden gestreut, was die Spannungen zwischen den Spielern weiter erhöht. Die Atmosphäre ist geladen, und jeder Schritt, den Morphy und Fischer machen, wird von den Schattenzügen beobachtet und analysiert. Die beiden Spieler befinden sich in einem Wettlauf gegen die Zeit, nicht nur um ihre Karrieren, sondern auch um ihre Seelen zu retten.

Die Themen von Macht und Kontrolle werden immer deutlicher, während Morphy und Fischer versuchen, sich gegen die Einflüsse der Schattenzüge zu wehren. Morphy, dessen unermüdlicher Ehrgeiz ihn antreibt, beginnt, die Manipulationen zu hinterfragen. "Sind meine Siege wirklich meine eigenen?", fragt er sich, während er über das Schachbrett starrt. Fischer hingegen wird von der Dunkelheit seiner Einsamkeit überwältigt. "Wem kann ich vertrauen?", denkt er, während er die Gesichter der Menschen um sich herum betrachtet, die ihm einst nahestanden.

Die Spannung steigt, als die Schattenzüge ihre nächsten Schritte planen. Ein geheimes Treffen zwischen Morphy und Fischer könnte der Schlüssel sein, um die Kontrolle über ihre Schicksale zurückzugewinnen. Doch die Schattenzüge sind immer einen Schritt voraus, und ihre Intrigen scheinen unaufhaltsam. Die beiden Spieler stehen vor der Herausforderung, nicht nur gegeneinander, sondern auch gegen die unsichtbaren Fäden zu kämpfen, die ihre Entscheidungen lenken.

In dieser kritischen Phase des Spiels wird deutlich, dass der wahre Kampf nicht nur auf dem Schachbrett stattfindet, sondern auch in den Köpfen der Spieler. Morphy und Fischer müssen sich ihren inneren Konflikten stellen und herausfinden, wie sie die Schattenzüge besiegen können, bevor es zu spät ist. Der Druck wächst, und die Zeit läuft ihnen davon, während die Schattenzüge weiterhin im Hintergrund agieren und ihre Machtspiele entfalten.

10.2 Morphy und Fischer im Fadenkreuz

Die Rivalität zwischen Paul Morphy und Bobby Fischer, zwei der größten Schachgenies ihrer Zeit, wird von den manipulativen Machenschaften einer geheimnisvollen Organisation angeheizt. Diese Schattenzüge agieren im Verborgenen, ziehen die Fäden und beeinflussen die Ambitionen beider Spieler. Während Morphy in seiner Heimat New Orleans mit den Erwartungen seiner Umgebung ringt, kämpft Fischer in Brooklyn gegen seine inneren Dämonen. Die Spannung zwischen den beiden Protagonisten wächst, als sie erkennen, dass ihre Karrieren nicht nur von ihrem Können abhängen, sondern auch von den geheimen Intrigen der Schattenzüge.

In einem entscheidenden Moment, als Morphy sich auf ein wichtiges Turnier vorbereitet, wird ihm bewusst, dass die Schattenzüge versuchen, ihn zu destabilisieren. Der Druck lastet schwer auf ihm, und die ständige Angst, dass seine Gegner nicht nur am Schachbrett, sondern auch außerhalb des Spiels gegen ihn arbeiten, verfolgt ihn. Morphy, der unermüdlich nach Ruhm strebt, beginnt, sich Fragen zu stellen: Ist es der Preis des Erfolgs, der ihn in den Abgrund treiben könnte? Und wie weit ist er bereit zu gehen, um seine Träume zu verwirklichen?

Fischer hingegen befindet sich in einem emotionalen Strudel. Die Einsamkeit, die ihn umgibt, wird durch die Manipulationen der Schattenzüge verstärkt. Er fühlt sich wie ein Spielball in einem größeren Spiel, in dem er die Kontrolle über sein eigenes Schicksal verloren hat. Während er versucht, seine Gedanken zu ordnen und sich auf das bevorstehende Duell vorzubereiten, wird ihm klar, dass seine Rivalität mit Morphy nicht nur ein Wettkampf um den Titel ist, sondern auch ein Kampf um seine eigene Identität. Die Schattenzüge scheinen die Zügel in der Hand zu halten, und Fischer fragt sich, ob er jemals aus diesem Netz aus Intrigen entkommen kann.

Die Spannungen zwischen Morphy und Fischer eskalieren, als sie sich in einem gemeinsamen Turnier gegenüberstehen. Beide Spieler sind sich der Manipulationen der Schattenzüge bewusst, doch jeder geht anders damit um. Morphy versucht, seine Emotionen zu kontrollieren und sich auf das Spiel zu konzentrieren, während Fischer von seinen Ängsten überwältigt wird. Die Zuschauer spüren die aufgeladene Atmosphäre, die von Rivalität und Konkurrenz geprägt ist. Jeder Zug, den sie machen, wird von den Schattenzügen beobachtet und beeinflusst, was die Spannung ins Unermessliche steigert.

Inmitten dieser Rivalität gibt es Momente der Reflexion. Morphy denkt an die Lektionen, die ihm Samuel Duval, sein Mentor, beigebracht hat. Duval hat ihn gelehrt, dass Schach mehr ist als nur ein Spiel; es ist eine Kunstform, die Geduld, Strategie und Kreativität erfordert. Morphy erkennt, dass er nicht nur gegen Fischer spielt, sondern auch gegen die Schattenzüge, die versuchen, seine Visionen zu untergraben. In einem inneren Monolog fragt er sich, ob er bereit ist, alles zu opfern, um seine Träume zu verwirklichen.

Fischer hingegen hat einen anderen Ansatz. In seinen Gedanken kämpft er mit der Einsamkeit, die ihn umgibt. Er sieht die Schattenzüge als Feinde, die nicht nur seine Karriere bedrohen, sondern auch seine Seele. Während er sich auf das Spiel vorbereitet, wird ihm klar, dass er sich nicht nur gegen Morphy behaupten muss, sondern auch gegen die inneren Stimmen, die ihn ständig daran erinnern, dass er allein ist. In einem verzweifelten Versuch, seine Identität zurückzugewinnen, schwört er sich, dass er nicht zulassen wird, dass die Schattenzüge ihn kontrollieren.

Die Rivalität zwischen Morphy und Fischer wird zum Spiegelbild ihrer inneren Kämpfe. Während sie sich den Herausforderungen stellen, die die Schattenzüge für sie bereithalten, wächst die Spannung zwischen ihnen. Beide wissen, dass der Ausgang des Spiels nicht nur über den Titel entscheiden wird, sondern auch über ihre Zukunft. In einem letzten Aufeinandertreffen, das die Schachwelt für immer verändern könnte, stehen sie sich gegenüber, bereit, alles zu riskieren. Die Frage bleibt: Wer wird letztendlich die Oberhand gewinnen – der brillante Stratege oder der einsame Krieger?

10.3 Ein Spiel um Leben und Tod beginnt

In der drückenden Stille des alten Schachclubs standen Paul Morphy und Bobby Fischer einander gegenüber, als ob sie auf einem Schlachtfeld bereit waren, ihre letzten Züge zu machen. Jeder Schritt, den sie wagten, schien nicht nur das Schicksal des Spiels zu bestimmen, sondern auch die Richtung ihrer eigenen Existenzen zu beeinflussen. Die Schattenzüge hatten ihre Intrigen so kunstvoll gesponnen, dass die beiden Meister nicht nur auf dem Schachbrett, sondern auch in einem gefährlichen Spiel um Macht und Manipulation gefangen waren, das weit über die Grenzen des Spiels hinausging.

Helena von Wirth, die skrupellose Anführerin der Schattenzüge, beobachtete aus der Dunkelheit. Ihr Plan war in vollem Gange, und sie genoss das Schauspiel, das sich vor ihren Augen entfaltete. Morphy, der unermüdliche Kämpfer, war in seiner Strategie gefangen, während Fischer, der einsame Krieger, mit seinen inneren Dämonen kämpfte. Beide waren sie Opfer ihrer eigenen Ambitionen, gefangen in einem Netz aus Intrigen, das die Schattenzüge sorgfältig gewebt hatten.

Die Konsequenzen dieser Manipulationen wurden für Morphy und Fischer immer klarer. Morphy spürte, wie der Druck auf ihm lastete. Seine Vision eines revolutionären Schachspiels wurde von den Erwartungen seiner Umgebung erdrückt. Er wusste, dass jeder Fehler, jede falsche Entscheidung, ihn alles kosten könnte. Der Gedanke daran, als Verlierer dazustehen, war unerträglich. In seinem Inneren brodelte eine Mischung aus Angst und Entschlossenheit, die ihn antrieb, weiterzukämpfen.

Fischer hingegen fühlte sich von der Einsamkeit erdrückt. Während er seine Züge überlegte, dachte er an Mira Takagi, die talentierte Schachspielerin, die ihm sowohl Unterstützung als auch zusätzliche Last war. Ihre Loyalität war unerschütterlich, doch die Schattenzüge hatten auch sie ins Visier genommen. Fischer fragte sich, ob er sie schützen konnte, während er gleichzeitig gegen die Manipulationen der Organisation ankämpfte. Die Dunkelheit, die ihn umgab, schien sich immer mehr zusammenzuziehen, und er fragte sich, ob er jemals wieder aus diesem Schatten herausfinden würde.

Inmitten dieser inneren Kämpfe kam es zu einem entscheidenden Moment. Morphy, der einen kühnen Zug plante, spürte plötzlich eine Veränderung in der Atmosphäre. Die Schattenzüge hatten ihre Strategie geändert, und die Gefahr war greifbar. Ein Blick über das Brett verriet ihm, dass Fischer ebenfalls nervös war. Die Rivalität zwischen ihnen hatte eine neue Dimension erreicht, und es war klar, dass nicht nur ihre Karrieren, sondern auch ihre Leben auf dem Spiel standen.

Der Druck stieg ins Unermessliche, als die Uhr tickte. Jeder Spieler wusste, dass der nächste Zug entscheidend sein könnte. Morphy atmete tief durch und versuchte, seine Gedanken zu ordnen. Die Erinnerungen an seine Kindheit in New Orleans, die ersten Schritte auf dem Schachbrett, all die Rückschläge und Triumphe, die ihn zu dem gemacht hatten, was er war, schossen ihm durch den Kopf. Er musste an sich glauben, an seine Fähigkeiten, an seine Vision. Doch die Schattenzüge waren ein unberechenbarer Gegner, und er konnte sich nicht sicher sein, dass er sie besiegen konnte.

Fischer hingegen war in Gedanken versunken. Er wusste, dass er die Kontrolle über sein Spiel zurückgewinnen musste, bevor es zu spät war. Die Einsamkeit, die ihn umgab, war wie ein dunkler Schatten, der ihn erdrückte. Doch in diesem Moment, in dem alles auf dem Spiel stand, spürte er einen Funken Hoffnung. Vielleicht war es an der Zeit, die Vergangenheit hinter sich zu lassen und sich auf das Wesentliche zu konzentrieren: das Spiel, die Leidenschaft, die Liebe zum Schach.

Als die Zeit ablief und die Spannung ins Unermessliche stieg, waren sich beide Spieler bewusst, dass sie am Rande eines Abgrunds standen. Die Schattenzüge hatten ihre Macht demonstriert, und die Herausforderung, die vor ihnen lag, war nicht nur ein Spiel, sondern ein Kampf ums Überleben. Morphy und Fischer waren bereit, alles zu riskieren, um nicht nur den Titel, sondern auch ihre Seelen zu retten.

Doch während sie sich auf den finalen Zug vorbereiteten, blitzte in den Augen von Helena von Wirth ein kaltes Lächeln auf. Sie wusste, dass das wahre Spiel gerade erst begonnen hatte. Und während die beiden Meister sich auf den entscheidenden Moment vorbereiteten, blieb die Frage offen: Wer würde letztendlich triumphieren? Die Antwort lag im Schatten, verborgen hinter den Manipulationen der Schattenzüge, die noch lange nicht besiegt waren.

11
Die Entscheidung

11.1 Morphy vor einer folgenschweren Wahl

Die sengende Sonne über New Orleans tauchte die Straßen in ein glühendes Licht, während Paul Morphy in seinem bescheidenen Zimmer verweilte, umgeben von Schachbrettern und Notizen. Der aromatische Duft frisch gebrühten Kaffees vermischte sich mit dem salzigen Hauch des nahen Mississippi. Ein gewöhnlicher Tag für die Stadt, doch für Morphy war dieser Tag alles andere als banal. Die Wände schienen ihn zu erdrücken, und die Erwartungen, die auf seinen Schultern lasteten, wurden unerträglich schwer.

Sein Blick wanderte zum Schachbrett, die Figuren standen bereit, als stünden sie in Erwartung des nächsten Spiels. Doch es war nicht nur das Spiel, das ihn beschäftigte; es waren die Stimmen in seinem Kopf, die ihn quälten. "Du bist das Wunderkind", flüsterten sie. "Du musst gewinnen." Diese Worte hatten ihn bis hierher getragen, aber jetzt, wo er am Rand des Ruhms stand, begannen sie, wie ein dröhnendes Echo zu wirken.

Die Herausforderungen, die vor ihm lagen, waren gewaltig. Ein bevorstehendes Turnier, das über seine Karriere entscheiden könnte, und die Schattenzüge, eine geheimnisvolle Organisation, die im Hintergrund agierte und deren Einfluss sich wie ein Schatten über die Schachwelt legte. Morphy wusste, dass er nicht nur gegen andere Spieler antreten würde, sondern auch gegen die manipulativen Kräfte, die versuchten, sein Schicksal zu lenken.

Sein Mentor, Samuel Duval, hatte ihn gewarnt: "Die Welt des Schachs ist nicht nur ein Spiel, Paul. Es ist ein Kampf um Macht und Einfluss." Diese Worte hallten in seinem Geist wider, während er versuchte, einen klaren Kopf zu bewahren. Morphy war hin- und hergerissen zwischen seinem unstillbaren Ehrgeiz und den Erwartungen seiner Umgebung. Sollte er den sicheren Weg wählen, der ihm von seinen Mentoren vorgezeichnet wurde, oder sollte er den riskanten Pfad einschlagen, der ihn zu neuen Höhen führen könnte?

Die Gedanken an seine Familie, die auf ihn stolz war, und die Freunde, die ihn unterstützten, verwirrten ihn. "Was, wenn ich scheitere?" fragte er sich immer wieder. "Was, wenn ich die Erwartungen nicht erfülle?" In diesen Momenten der Unsicherheit fühlte er sich wie ein Bauer auf dem Schachbrett, dessen Schicksal von den Zügen anderer bestimmt wurde. Doch tief in seinem Inneren wusste er, dass er mehr war als nur ein Bauer. Er war ein König in der Mache, bereit, seine eigene Geschichte zu schreiben.

Die Vorbereitungen für das Turnier nahmen zu, und die Anspannung in der Luft war greifbar. Morphy konnte die Aufregung der anderen Spieler spüren, die sich ebenfalls auf das große Ereignis vorbereiteten. Jeder von ihnen hatte seine eigenen Träume und Ängste, und die Konkurrenz war hart. Aber was Morphy wirklich beunruhigte, war die Vorstellung, dass die Schattenzüge ihre Fäden zogen, um die Ergebnisse zu manipulieren. Wer würde die Kontrolle über das Spiel haben? Und zu welchem Preis?

In einer stillen Nacht, als der Mond hoch am Himmel stand und die Stadt in ein silbernes Licht tauchte, saß Morphy allein an seinem Schachbrett. Die Figuren schienen ihn herauszufordern, als ob sie wüssten, dass er vor einer folgenschweren Wahl stand. "Werde ich der Meister, der ich sein kann, oder werde ich mich den Erwartungen beugen?" fragte er sich. Die Antwort war ihm nicht klar, aber eines wusste er: Er musste seinen eigenen Weg finden.

Der Druck, der auf ihm lastete, war enorm. Morphy spürte, wie seine Ambitionen mit den Erwartungen seiner Umgebung kollidierten. Die Stimme seines Vaters, die ihn stets anfeuerte, und die Blicke seiner Freunde, die Hoffnung und Unterstützung ausstrahlten, vermischten sich mit den dunklen Flüstern der Schattenzüge. "Du bist nicht allein", dachte er, als er an Mira Takagi dachte, die talentierte Schachspielerin, die ihn oft inspiriert hatte. Ihre Loyalität und ihr Mut gaben ihm Kraft, aber auch Zweifel. Würde sie ihn unterstützen, wenn er den riskanten Weg wählte?

Die Entscheidung, die vor ihm lag, war nicht nur eine Frage des Schachspiels, sondern eine Frage seiner Identität. Morphy wusste, dass er sich selbst finden musste, um zu gewinnen. Die Schattenzüge mochten versuchen, ihn zu manipulieren, aber er war entschlossen, sein Schicksal selbst in die Hand zu nehmen. Mit einem tiefen Atemzug stellte er die Figuren auf dem Brett neu auf, bereit, den ersten Zug zu machen – nicht nur im Spiel, sondern auch in seinem Leben.

Die Spannung stieg, als er sich auf das bevorstehende Turnier vorbereitete. Morphy war entschlossen, seinen eigenen Weg zu finden, egal welche Herausforderungen die Schattenzüge für ihn bereithielten. In diesem Moment wusste er, dass er bereit war, alles zu riskieren, um das zu erreichen, was er wirklich wollte: nicht nur der größte Schachmeister zu werden, sondern auch der Mensch, der er immer sein wollte.

11.2 Fischer stellt sich seinen tiefsten Ängsten

Die drückende Stille des Raumes umhüllte Bobby Fischer, der allein an seinem Schachbrett saß. Die Figuren standen wie stumme Zeugen seiner inneren Kämpfe, jeder Zug, den er plante, war nicht nur ein strategischer Schritt auf dem Brett, sondern auch ein Spiegelbild seiner Seele. Die Schatten der Einsamkeit umschlangen ihn, während er versuchte, die drängenden Fragen zu beantworten, die ihn quälten: War er wirklich der Meister, für den alle ihn hielten? Oder war er nur ein Betrüger, der bald entlarvt werden würde?

In den letzten Wochen hatte Fischer unzählige Partien gespielt, doch der Druck, der auf ihm lastete, war erdrückend. Jeder Sieg fühlte sich wie ein kleiner Triumph über seine Ängste an, aber jeder Verlust schien ihn tiefer in die Dunkelheit zu ziehen. Die Stimmen in seinem Kopf wurden lauter, und Zweifel nagten an seinem Selbstvertrauen. Erinnerungen an seine Kindheit ließen sich nicht abschütteln, die ihn geprägt hatten: die Isolation, die er als Wunderkind erlebt hatte, die ständigen Vergleiche mit anderen, die ihm das Gefühl gaben, niemals genug zu sein.

"Was ist der Preis des Erfolgs?" murmelte er leise zu sich selbst, während er auf die Schachfiguren starrte. Die Frage hallte in seinem Geist wider, während er sich an die Gesichter der Menschen erinnerte, die ihn bewundert hatten. Der Ruhm war verlockend, aber er hatte auch einen hohen Preis. Fischer wusste, dass er sich von den Erwartungen anderer befreien musste, um seine wahre Identität zu finden. Doch wie konnte er das tun, wenn die Welt ihn nur als Schachmeister kannte und nicht als den verletzlichen Menschen, der er war?

Die Gedanken an Mira Takagi, die talentierte Schachspielerin, die in letzter Zeit immer mehr in sein Leben trat, verwirrten ihn. Ihre Unterstützung war wie ein Lichtstrahl in seiner dunklen Welt, aber gleichzeitig brachte sie auch neue Ängste mit sich. Könnte er sie enttäuschen? Würde sie ihn verlassen, wenn sie die wahre Tiefe seiner Unsicherheiten entdeckte? Fischer spürte, wie sich die Furcht in ihm zusammenballte, als er an ihre gemeinsamen Partien dachte, an die Momente, in denen sie ihm half, seine Strategien zu verfeinern. Ihre Nähe war sowohl eine Quelle der Stärke als auch eine Quelle der Angst.

In einem Moment der Klarheit beschloss Fischer, sich seinen Ängsten zu stellen. Er stand auf und begann, die Figuren zu bewegen, als ob er die Kontrolle über sein Leben zurückgewinnen wollte. Jeder Zug war eine Herausforderung, nicht nur für seinen Gegner, sondern auch für sich selbst. Er stellte sich vor, wie er gegen die Schattenzüge kämpfte, die im Hintergrund agierten, und gegen die Manipulationen, die ihn von seiner Bestimmung ablenken wollten. Es war ein Spiel um Ruhm und Macht, aber auch um seine eigene Identität.

"Ich bin mehr als nur ein Schachmeister", flüsterte er entschlossen, während er die Figuren auf dem Brett neu anordnete. "Ich bin Bobby Fischer, und ich werde nicht zulassen, dass meine Ängste mich besiegen." In diesem Moment spürte er eine Welle der Entschlossenheit, die durch ihn hindurchfloss. Die Einsamkeit, die ihn so lange gefangen gehalten hatte, begann sich zu lösen, und er fühlte sich bereit, sich den Herausforderungen zu stellen, die vor ihm lagen.

Doch die Schattenzüge waren immer noch da, verborgen und geduldig, wartend auf den richtigen Moment, um zuzuschlagen. Fischer wusste, dass er wachsam sein musste. Die Manipulationen, die ihn umgaben, waren wie unsichtbare Fäden, die seine Entscheidungen beeinflussten. Er musste lernen, diese Fäden zu erkennen und zu durchtrennen, um die Kontrolle über sein Schicksal zurückzugewinnen.

Mit einem letzten Blick auf das Schachbrett atmete Fischer tief durch. Die Figuren schienen ihm jetzt wie Verbündete, bereit, ihm zu helfen, seinen Weg zu finden. Er war entschlossen, nicht nur als Spieler, sondern auch als Mensch zu wachsen. Und während er die ersten Schritte in diese neue Phase seines Lebens machte, spürte er, dass die Reise gerade erst begonnen hatte.

11.3 Ein letzter Blick auf die Vergangenheit

Im frühen Morgenlicht, als die ersten Strahlen der Sonne durch die Fenster der bescheidenen Wohnung in New Orleans strömten, saß Paul Morphy allein an seinem Schachbrett. Die Figuren waren noch nicht aufgestellt, doch in seinem Inneren tobte ein gewaltiges Duell – nicht gegen einen physischen Gegner, sondern gegen die Schatten seiner eigenen Vergangenheit. Erinnerungen fluteten sein Bewusstsein: die jubelnden Menschenmengen bei seinen ersten Turnieren, die strahlenden Augen seines Mentors Samuel Duval, der ihm unermüdlich ins Ohr geflüstert hatte, dass das Schachspiel mehr sei als ein bloßer Wettkampf; es sei eine Kunstform. Doch mit jedem Sieg wuchs auch der Druck, die Erwartungen zu erfüllen, die ihn wie ein schwerer Mantel umhüllten.

Paul schloss die Augen und ließ die Bilder seiner Kindheit Revue passieren. Die Straßen von New Orleans, die er als Junge durchstreift hatte, waren erfüllt vom Klang lebendiger Musik und fröhlichem Lachen, doch inmitten dieser Lebhaftigkeit fühlte er sich oft einsam. Sein Talent war ein zweischneidiges Schwert, das ihn sowohl in die Höhen des Ruhms hob als auch in die Abgründe der Einsamkeit stürzte. Die Entscheidung, seine Leidenschaft für das Schachspiel über alles andere zu stellen, hatte ihn in die Höhen des Ruhms katapultiert, aber auch von seinen Freunden und seiner Familie entfremdet. Was war der Preis für diesen Ruhm? Er fragte sich, ob es das wert gewesen war.

Währenddessen saß Bobby Fischer in einem düsteren Raum in Brooklyn, umgeben von den Überresten eines Lebens, das er sich selbst erschaffen hatte. Die Wände waren mit Schachdiagrammen bedeckt, und der Geruch von alten Büchern lag in der Luft. Bobby war ein Meister am Schachbrett, doch in seinem Herzen kämpfte er gegen die Geister seiner Vergangenheit. Die Einsamkeit war sein ständiger Begleiter, und die Stimmen derjenigen, die ihn einst bewundert hatten, hallten in seinem Kopf wider. Erinnerungen an seine Kindheit, geprägt von Isolation und dem Drang, die beste Schachspielerin der Welt zu werden, quälten ihn. Er hatte viele Entscheidungen getroffen, die ihn hierher geführt hatten, doch die Einsamkeit, die er ertragen musste, war ein Preis, den er nicht mehr bereit war zu zahlen.

Die beiden Männer, so unterschiedlich sie auch waren, standen an einem ähnlichen Punkt in ihrem Leben. Beide hatten Entscheidungen getroffen, die sie zu den besten Schachspielern ihrer Zeit gemacht hatten, doch diese Entscheidungen hatten auch Konsequenzen, die sie nicht ignorieren konnten. Paul fühlte sich hin- und hergerissen zwischen dem Verlangen nach Anerkennung und dem Wunsch, einfach nur glücklich zu sein. Bobby hingegen kämpfte mit seinen inneren Dämonen, die ihn immer wieder in die Dunkelheit zogen, während er versuchte, seinen Platz in der Schachwelt zu finden.

Die Gedanken an ihre Rivalität waren wie ein Schatten, der über ihnen schwebte. Sie wussten, dass sie bald aufeinandertreffen würden, und die Vorfreude auf das bevorstehende Duell war mit einer unbestimmten Angst vermischt. Paul dachte an die Worte seines Mentors: "Jeder Zug zählt, nicht nur auf dem Brett, sondern auch im Leben." Diese Weisheit hallte in seinem Kopf wider, während er sich fragte, ob er bereit war, die Konsequenzen seiner Entscheidungen zu tragen. Bobby, der in den Tiefen seiner Einsamkeit gefangen war, wusste, dass er sich seinen Ängsten stellen musste, um die Freiheit zu finden, die er so verzweifelt suchte.

In diesem Moment der Reflexion wurde beiden Männern klar, dass die Vergangenheit nicht einfach hinter ihnen lag, sondern ein Teil von ihnen war, der sie formte und prägte. Sie mussten lernen, mit ihren Erinnerungen umzugehen, um in der Zukunft bestehen zu können. Der Gedanke an die Schattenzüge, die im Hintergrund agierten und ihre Schicksale manipulierten, war ein weiterer Grund zur Sorge. Doch inmitten dieser Ungewissheit gab es auch einen Funken Hoffnung. Vielleicht, nur vielleicht, könnten sie ihre Rivalität überwinden und gemeinsam gegen die dunklen Mächte kämpfen, die sie bedrohten.

Das Kapitel endete mit einem Gefühl der Ungewissheit, aber auch mit der Vorfreude auf die kommenden Konflikte. Paul und Bobby waren bereit, sich ihren Herausforderungen zu stellen, und während die Sonne höher stieg, erhellte sie die Wege, die vor ihnen lagen. Die Schachwelt würde bald Zeuge eines epischen Duells werden, und beide Männer wussten, dass sie alles riskieren mussten, um zu gewinnen.

12
Der Fall

12.1 Morphys Rückschläge und Herausforderungen

Hinter den alten, kunstvoll verzierten Fassaden von New Orleans war die Sonne bereits untergegangen, während Paul Morphy in seinem bescheidenen Zimmer saß, umgeben von Schachfiguren und zerknüllten Notizen. Der aromatische Duft von frisch gebrühtem Kaffee und das gedämpfte Murmeln der Stadt drangen durch das offene Fenster, doch seine Gedanken schwebten weit entfernt. Er hatte eine Reihe von Turnieren hinter sich, die nicht nur seine Fähigkeiten auf die Probe gestellt hatten, sondern auch seine innere Stabilität. Die Enttäuschung über verlorene Partien nagte an ihm wie ein hungriger Schatten, der ihn in der Dunkelheit verfolgte.

In den letzten Monaten hatte Morphy die drückenden Erwartungen seiner Familie und der Schachgemeinschaft spüren müssen. Jeder Sieg war mit einem erdrückenden Druck verbunden, während jeder Verlust wie ein schwerer Stein auf seinem Herzen lastete. "Wie kann ich nur weiterkämpfen?", fragte er sich oft, während er die Figuren über das Brett schob. "Was, wenn ich nie wieder gewinne?" Diese quälenden Fragen schienen in einem Nebel aus Selbstzweifeln verloren zu gehen.

Sein Mentor, Samuel Duval, hatte ihm immer wieder gesagt, dass jeder große Meister Rückschläge erleiden müsse, um zu wachsen. Doch in diesem Moment fühlte sich Morphy mehr wie ein gescheiterter Schüler als ein aufstrebender Champion. "Du musst dich selbst finden, Paul", hatte Duval gesagt, als sie eines Abends am Schachbrett saßen. "Das Spiel ist nicht nur eine Frage der Technik, sondern auch des Herzens." Doch wie konnte er sein Herz finden, wenn es von Angst und Unsicherheit zerfressen war?

Die Herausforderungen, vor denen Morphy stand, waren nicht nur die physischen Gegner am Schachbrett, sondern auch die inneren Dämonen, die ihn quälten. Er hatte den Drang, seine Familie stolz zu machen, und gleichzeitig die Furcht, sie zu enttäuschen. In den ruhigen Nächten, wenn die Stadt schlief, hörte er die Stimmen seiner Eltern, die ihm sagten, dass er das größte Schachgenie sei, das je gelebt hatte. Aber was, wenn sie sich irrten? Was, wenn er nicht das Zeug dazu hatte, die Legende zu werden, die sie sich erhofften?

Inmitten dieser inneren Kämpfe trat eine neue Bedrohung in sein Leben: die geheimnisvolle Organisation "Die Schattenzüge". Ihre Manipulationen waren wie unsichtbare Fäden, die die Schicksale der Spieler in ihren Händen hielten. Morphy hatte von den Machenschaften gehört, die im Hintergrund abliefen, und es machte ihn nervös. Was, wenn sie auch ihn ins Visier genommen hatten? Die Vorstellung, dass andere über sein Schicksal entschieden, ließ ihn frösteln. Er wollte nicht nur ein weiteres Stück auf ihrem Schachbrett sein.

Die Schattenzüge schienen überall zu sein, und ihre Präsenz war wie ein unheilvolles Omen. Morphy wusste, dass er sich diesen Kräften stellen musste, um seinen Platz in der Schachwelt zu behaupten. Doch wie konnte er das tun, wenn er nicht einmal die Kontrolle über seine eigenen Ängste hatte? Es war eine Herausforderung, die größer war als jede Partie, die er je gespielt hatte.

Die Themen von Verlust und Wiederaufbau schwebten über ihm wie ein dunkler Schatten. Er hatte viel verloren: die Unbeschwertheit seiner Kindheit, die Freude am Spiel und das Vertrauen in seine Fähigkeiten. Aber Morphy war entschlossen, nicht aufzugeben. Er wusste, dass er, um wieder aufzustehen, sich zuerst seinen Ängsten stellen musste. "Ich muss herausfinden, wer ich wirklich bin", murmelte er, während er die Figuren erneut auf dem Brett anordnete. "Ich werde nicht zulassen, dass die Schattenzüge mich besiegen."

Mit einem tiefen Atemzug begann Morphy, seine Strategien zu überdenken. Er würde nicht nur für sich selbst spielen, sondern auch für all jene, die an ihn glaubten. Die Erinnerungen an seine ersten Turniere, die Aufregung und der Stolz, den er damals verspürt hatte, kehrten zurück. Diese Erinnerungen waren der Antrieb, den er brauchte, um sich aus der Dunkelheit zu befreien.

Die Nacht war fortgeschritten, und das Licht der Straßenlaternen warf lange Schatten in sein Zimmer. Morphy wusste, dass der Weg zur Rückkehr steinig sein würde, aber er war bereit, sich den Herausforderungen zu stellen. Er würde nicht nur kämpfen, um zu gewinnen, sondern auch, um sich selbst zu finden. Die Schachwelt wartete auf ihn, und er war entschlossen, seinen Platz darin zurückzuerobern.

12.2 Fischers Abstieg in die Einsamkeit

Die drückende Stille in Fischers Apartment umhüllte ihn wie ein schwerer Mantel, als er sich an den Tisch setzte, um seine Schachpartien zu durchleuchten. Die Wände schienen sich zusammenzuziehen, während die Einsamkeit wie ein dunkler Schatten über ihm schwebte. Er war der Schachmeister, der die Welt im Sturm erobert hatte, doch der Preis für seinen Ruhm war unermesslich. Jeder Sieg hatte ihn weiter von den Menschen entfernt, die einst einen Platz in seinem Herzen hatten. Der Druck, den er sich selbst auferlegt hatte, lastete wie ein bleierner Stein auf seinen Schultern.

In den letzten Monaten hatte Fischer mehrere entscheidende Partien verloren, und jede Niederlage schnitt tiefer als die vorherige. Die Worte seiner Mentoren hallten in seinem Kopf wider: Das Schachspiel sei nicht nur ein Wettkampf gegen andere, sondern auch gegen sich selbst. Diese Erkenntnis traf ihn jetzt mit voller Wucht. Gefangen in einem Spiel, dessen Regeln ihm entglitten, fühlte er sich wie ein Spieler ohne Strategie. Die Züge, die ihm einst klar erschienen, waren nun von Zweifeln und Ängsten überschattet.

Seine Gedanken drifteten zu Mira Takagi, der talentierten Schachspielerin, die ihm in den letzten Jahren treu zur Seite gestanden hatte. Ihre Unterstützung war für ihn von unschätzbarem Wert gewesen, doch oft hatte er sie zurückgewiesen, wenn sie ihm nahe sein wollte. Er fürchtete, dass ihre Nähe ihn nur weiter von seinem Ziel ablenken würde. Doch jetzt, in der Dunkelheit seiner Einsamkeit, sehnte er sich nach ihrer Wärme und ihrem Verständnis. Die Einsamkeit war zu einem ständigen Begleiter geworden, der ihn in die tiefsten Abgründe seiner Seele zog.

Fischer schloss die Augen und versuchte, sich auf das Schachbrett vor ihm zu konzentrieren. Doch die Figuren schienen sich vor seinen Augen zu bewegen, als würden sie ihn verspotten. "Was ist der Sinn?", murmelte er leise. "Wofür kämpfe ich eigentlich?" Diese Fragen hallten in seinem Kopf wider, und er wusste, dass er eine Antwort finden musste, bevor es zu spät war. Der Druck, den Titel des Weltmeisters zu gewinnen, war erdrückend, und die Schattenzüge, die im Hintergrund agierten, verstärkten nur seine Ängste.

Die geheimnisvolle Organisation hatte ihre Fäden in die Schachwelt gewoben und spielte ein gefährliches Spiel mit den Schicksalen der Spieler. Fischer hatte ihre Manipulationen bemerkt, doch er war nicht in der Lage, ihnen zu entkommen. Sie waren wie Puppenspieler, die ihn dazu drängten, Züge zu machen, die er nicht machen wollte. Die Einsamkeit, die er fühlte, war nicht nur das Ergebnis seiner eigenen Entscheidungen, sondern auch das Produkt einer Umgebung, die ihn immer weiter isolierte.

In einem Moment der Klarheit erkannte Fischer, dass er sich entscheiden musste. Er konnte nicht länger in der Dunkelheit verweilen, während die Schattenzüge um ihn herum tanzten. Er musste sich seinen inneren Dämonen stellen und herausfinden, wer er wirklich war, jenseits des Schachbretts und der Erwartungen, die an ihn gestellt wurden. Vielleicht war es an der Zeit, Mira um Hilfe zu bitten, um nicht nur seine Schachkarriere, sondern auch sein Leben neu zu gestalten.

Er stand auf und ging zum Fenster, um frische Luft zu schnappen. Draußen strahlte die Sonne, und die Geräusche der Stadt drangen zu ihm durch. Es war ein neuer Tag, und mit ihm kam die Möglichkeit eines Neuanfangs. Fischer wusste, dass er nicht allein war, auch wenn die Einsamkeit ihn oft erdrückte. Er hatte die Macht, seine Geschichte zu ändern, und er würde nicht zulassen, dass die Schattenzüge ihn weiterhin kontrollierten.

Mit einem entschlossenen Blick wandte er sich vom Fenster ab und kehrte zu seinem Schachbrett zurück. Es war Zeit, seine nächsten Züge zu planen. Er würde nicht nur gegen seine Gegner spielen, sondern auch gegen die inneren Kämpfe, die ihn so lange festgehalten hatten. Der Preis des Erfolgs war hoch, aber Fischer war bereit, ihn zu zahlen. Die Einsamkeit würde ihn nicht besiegen; stattdessen würde sie ihn stärker machen. Und so begann er, die Figuren auf dem Brett neu zu positionieren, entschlossen, die Kontrolle über sein Leben zurückzugewinnen.

12.3 Die Schattenzüge feiern ihren triumphalen Sieg

Mit einer Geschicklichkeit, die selbst die begabtesten Schachmeister in den Schatten stellte, hatten die Schattenzüge ihre Fäden gesponnen. In einem Raum, dessen Atmosphäre von flackerndem Kerzenlicht durchzogen war, versammelten sich die Mitglieder der geheimen Organisation, um die Ergebnisse des jüngsten Turniers zu erörtern. Helena von Wirth, die charismatische Anführerin, lehnte sich zurück und beobachtete ihre Handlanger mit einem zufriedenen Lächeln. Ihr Plan war aufgegangen, und die beiden größten Schachgenies der Welt waren gegeneinander ausgespielt worden, ohne es zu bemerken.

"Morphy hat sich auf seine Ambitionen konzentriert, während Fischer in seinen inneren Dämonen gefangen ist", murmelte ein Mitglied der Schattenzüge. "Es ist fast zu einfach." Helena nickte zustimmend. "Ja, die Rivalität zwischen ihnen hat uns die Möglichkeit gegeben, sie zu manipulieren. Ihre Schwächen sind unsere stärksten Waffen." Die Dunkelheit um sie herum schien sich zu verdichten, als sie über die nächsten Schritte nachdachten. Es war ein Spiel um Macht und Kontrolle, und sie waren die unsichtbaren Spieler, die die Züge bestimmten.

Währenddessen kämpfte Paul Morphy in seinem Zimmer gegen die Gedanken an die Manipulationen, die ihn umgaben. Er hatte das Gefühl, dass etwas nicht stimmte, dass er Teil eines größeren Spiels war, dessen Regeln ihm unbekannt waren. Die Stimmen der Schattenzüge hallten in seinem Kopf wider, während er versuchte, sich auf das Schachbrett zu konzentrieren. Doch die Unsicherheit nagte an ihm, und die Frage, ob er wirklich der Meister seines Schicksals war, ließ ihn nicht los.

Bobby Fischer hingegen war in eine tiefere Einsamkeit gefallen. Er fühlte sich wie ein Schachbrett, auf dem die Figuren bewegt wurden, ohne dass er die Kontrolle hatte. Die Schattenzüge hatten ihn in eine Ecke gedrängt, und die Einsamkeit, die ihn einst motiviert hatte, drohte ihn nun zu erdrücken. In den stillen Nächten, wenn der Druck des Spiels am stärksten war, fragte er sich, ob er je aus diesem Netz entkommen könnte. Die Manipulationen der Schattenzüge waren nicht nur strategisch; sie waren persönlich und verletzend.

Die beiden Spieler waren gefangen in einem Netz aus Intrigen, das die Schattenzüge sorgfältig gewebt hatten. Morphy und Fischer waren sich ihrer eigenen Rivalität bewusst, doch sie ahnten nicht, dass ihre Kämpfe gegen ein viel größeres Unrecht gerichtet waren. Helena hatte sie in die Falle gelockt, und jeder Zug, den sie machten, spielte nur in die Hände der Organisation. Es war ein gefährliches Spiel, und die Einsätze waren höher als je zuvor.

"Wir müssen uns wehren", dachte Morphy entschlossen, während er an seinem Schachbrett saß. "Ich kann nicht zulassen, dass sie mein Schicksal bestimmen." Er wusste, dass er einen Weg finden musste, um die Schattenzüge zu entlarven und die Kontrolle über sein eigenes Leben zurückzugewinnen. Doch wie konnte er gegen eine Organisation kämpfen, die im Verborgenen agierte? Die Fragen quälten ihn, während er seine nächsten Züge plante.

Fischer, der in der Dunkelheit seiner Gedanken gefangen war, spürte plötzlich einen Funken der Entschlossenheit. "Ich werde nicht zulassen, dass sie mich brechen", murmelte er vor sich hin. "Ich werde kämpfen, egal was es kostet." Die Einsamkeit, die ihn so lange gequält hatte, verwandelte sich in einen Antrieb, die Schattenzüge zu besiegen. Doch auch er wusste, dass es ein gefährlicher Weg war, und die Gefahr, die ihn umgab, war greifbar.

In einem entscheidenden Moment der Klarheit erkannten Morphy und Fischer, dass sie nicht allein waren. Sie mussten ihre Rivalität beiseitelegen und sich zusammenschließen, um gegen die Schattenzüge zu kämpfen. Doch die Frage blieb: Würden sie rechtzeitig erkennen, dass sie die wahren Gegner waren, bevor es zu spät war? Der Gedanke daran ließ die Spannung in der Luft knistern, während die Schattenzüge im Hintergrund weiter ihre Fäden zogen.

Das Kapitel endete mit einem Gefühl der Dringlichkeit und der Vorfreude auf die kommenden Konflikte. Die Schattenzüge hatten gewonnen, aber die Geschichte war noch lange nicht zu Ende. Morphy und Fischer standen am Anfang eines neuen Kapitels, und die Herausforderung, die vor ihnen lag, würde alles verändern. Die Leser wurden in eine Welt voller Intrigen und Machtspiele entführt, in der jeder Zug über Sieg oder Niederlage entschied.

13
Der Neuanfang

13.1 Morphy findet neue Inspiration

Als die Dämmerung über New Orleans hereinbrach, saß Paul Morphy an seinem Schachbrett, seine Finger glitten über die Figuren wie ein Künstler über die Leinwand. Der aromatische Duft von frisch gebrühtem Kaffee vermischte sich mit den sanften Klängen der Straßenmusik, die durch das offene Fenster in sein Zimmer strömten. Trotz dieser lebhaften Kulisse fühlte sich Morphy innerlich wie ein Schatten seiner selbst. Die Rückschläge, die ihn in den letzten Monaten verfolgt hatten, lasteten schwer auf seinen Schultern. Einst als das Wunderkind gefeiert, schien der Glanz seiner früheren Erfolge nun in der Ferne zu verblassen.

In tiefen Gedanken versunken, betrachtete er die Schachfiguren vor sich. Jede Figur war für ihn mehr als nur ein Spielstein; sie verkörperten seine Träume, Ambitionen und Ängste. Die oft als unbedeutend wahrgenommenen Bauern symbolisierten die kleinen Schritte, die er unternehmen musste, um wieder an die Spitze zu gelangen. Doch wie konnte er weiterkämpfen, wenn die Schattenzüge, diese geheimnisvolle Organisation, die Fäden im Hintergrund zog, seine Bewegungen so geschickt manipulierten?

Sein Mentor Samuel Duval hatte ihm oft ins Gewissen geredet, dass die besten Züge nicht immer die offensichtlichsten seien. Morphy wusste, dass er innovativ denken musste, um seine Gegner zu überlisten. Aber wie konnte er in einem Spiel, das so sehr von Strategie und Taktik geprägt war, neue Inspiration finden? Diese Fragen nagten an ihm, während er die Figuren auf dem Brett anordnete und versuchte, die nächsten Züge vorauszusehen.

Ein leises Klopfen an der Tür riss ihn aus seinen Gedanken. Samuel trat ein, sein Gesicht von Besorgnis gezeichnet. "Paul, ich habe gehört, dass du dich zurückgezogen hast. Du musst wieder spielen, das Schachbrett braucht dich", sagte er mit fester Stimme. Morphy spürte, wie sich ein Kloß in seinem Hals bildete. "Aber was ist, wenn ich scheitere? Was ist, wenn ich nicht mehr der Spieler bin, der ich einmal war?"

Samuel trat näher und legte eine Hand auf Morphys Schulter. "Jeder Meister hat Rückschläge erlebt. Es ist der Weg, der uns formt. Du darfst die Hoffnung nicht aufgeben. Suche nach der Inspiration in den Dingen um dich herum. Vielleicht findest du sie in der Musik, in der Kunst oder sogar in den Gesprächen mit anderen Spielern."

Die Worte seines Mentors hallten in seinem Kopf wider. Morphy wusste, dass er nicht nur am Schachbrett gewinnen musste, sondern auch in seinem Herzen Frieden finden musste. Vielleicht war es an der Zeit, seine Perspektive zu ändern. Er erinnerte sich an die leidenschaftlichen Klänge der Musik, die oft durch die Straßen New Orleans wehten. Vielleicht könnte er die Energie dieser Klänge nutzen, um neue Strategien zu entwickeln.

Mit einem neuen Funken der Entschlossenheit stand Morphy auf und ging zum Fenster. Die Abendsonne tauchte die Stadt in ein warmes Licht, und er konnte die Stimmen der Menschen hören, die lachten und feierten. Es war der perfekte Moment, um sich wieder mit der Welt zu verbinden. Er beschloss, an diesem Abend die Straßen zu erkunden, um frische Ideen zu sammeln und seine Inspiration zurückzugewinnen.

Als er die Tür hinter sich schloss, fühlte er sich, als würde er nicht nur sein Zimmer, sondern auch die Last seiner Zweifel hinter sich lassen. Die Stadt pulsierte vor Leben, und Morphy war entschlossen, sich davon mitreißen zu lassen. Er wusste, dass die Schattenzüge immer noch im Hintergrund agierten, aber er war bereit, sich ihnen zu stellen. Er wollte nicht nur für sich selbst spielen, sondern auch für all jene, die an ihn glaubten.

Die Nacht war jung, und mit jedem Schritt, den er tat, wuchs seine Zuversicht. Morphy wusste, dass die Herausforderungen, die vor ihm lagen, groß waren, aber er war fest entschlossen, seinen Platz in der Schachwelt zurückzuerobern. In diesem Moment, umgeben von der lebendigen Energie seiner Heimatstadt, fand er die Inspiration, die er so dringend benötigte. Es war Zeit, die Figuren neu zu setzen und das Spiel zu beginnen – nicht nur auf dem Brett, sondern auch in seinem Leben.

13.2 Fischer sucht verzweifelt nach einem Ausweg

Über Bobby Fischers Haupt lasteten die Schatten seiner Vergangenheit, während er in seinem kleinen, tristen Apartment in Brooklyn verweilte. Der Raum war karg eingerichtet, und die Wände waren mit Schachdiagrammen und handschriftlichen Notizen bedeckt, die seine unermüdliche Suche nach Perfektion dokumentierten. Trotz all seiner Bemühungen fühlte er sich gefangen, als ob die Luft um ihn herum immer schwerer wurde. Der Druck, der auf seinen Schultern lastete, war erdrückend, und die Einsamkeit, die ihn umgab, war zu einem ständigen Begleiter geworden.

Fischer fixierte das Schachbrett vor sich; die Figuren schienen ihn herauszufordern, als würden sie ihm ins Ohr flüstern: "Was wirst du tun? Wie wirst du dich aus diesem Dilemma befreien?" So viele Rückschläge hatte er erlitten, und jeder Verlust schien wie ein weiterer Stein auf dem Weg zu seinem Ziel zu sein. Die schmerzhaften Erinnerungen an gescheiterte Turniere und enttäuschte Erwartungen nagten an ihm. "Wie lange kann ich noch kämpfen?", fragte er sich. Die Antwort schien ihm unerreichbar.

Die Einsamkeit war ein ständiger Schatten, der ihn verfolgte. In der Welt des Schachs galt er als Genie, doch außerhalb des Schachbretts fühlte er sich oft verloren. Gedanken an Mira Takagi, die talentierte Schachspielerin, die ihm in den letzten Monaten so viel bedeutet hatte, durchzogen seinen Geist. Ihre Unterstützung war wie ein Lichtstrahl in seiner Dunkelheit, doch gleichzeitig hielt ihn seine eigene Angst und Unsicherheit zurück. "Kann ich sie wirklich an meiner Seite haben, wenn ich nicht einmal mit mir selbst im Reinen bin?", murmelte er leise.

Die Gedanken an die Schattenzüge, die geheimnisvolle Organisation, die im Verborgenen agierte, verstärkten seine innere Unruhe. Er wusste, dass sie ihre Fäden zogen, um ihn und Morphy gegeneinander auszuspielen. Die Manipulationen dieser Organisation schienen allgegenwärtig, und Fischer konnte das Gefühl nicht abschütteln, dass sie ihn beobachteten, während er versuchte, seinen Platz in der Schachwelt zu finden. "Was wollen sie von mir?", fragte er sich. "Und was bin ich bereit zu opfern, um meine Freiheit zurückzugewinnen?"

Sein Verstand war ein Schlachtfeld, auf dem die Kämpfe zwischen Ehrgeiz und Angst tobten. Jeder Gedanke an ein bevorstehendes Turnier ließ sein Herz schneller schlagen. Die Nervosität verwandelte sich in lähmende Angst, die ihn daran hinderte, klar zu denken. Er wusste, dass er gegen Morphy antreten musste, und die Vorstellung, gegen einen so talentierten Spieler zu verlieren, war unerträglich. "Was, wenn ich wieder scheitere? Was, wenn ich alles verliere?", schoss es ihm durch den Kopf.

In diesen Momenten der Verzweiflung begann Fischer, sich mit seinen inneren Dämonen auseinanderzusetzen. Er erinnerte sich an die Worte seines Mentors, die ihm immer wieder ins Gedächtnis kamen: "Der wahre Kampf findet nicht nur am Schachbrett statt, sondern auch in deinem Herzen." Diese Erkenntnis war sowohl befreiend als auch belastend. Er wusste, dass er sich seinen Ängsten stellen musste, um voranzukommen. Doch wie konnte er das tun, wenn die Schatten der Vergangenheit ihn immer wieder einholten?

Ein plötzlicher Entschluss ergriff ihn. Fischer stand auf und ging zum Fenster. Er öffnete es und ließ die frische Luft hereinströmen. "Ich werde nicht zulassen, dass die Schattenzüge mich kontrollieren", flüsterte er entschlossen. "Ich werde kämpfen, nicht nur für den Titel, sondern auch für meine Freiheit." In diesem Moment spürte er einen Funken Hoffnung, der in ihm aufblühte. Vielleicht war der Weg zur Selbstfindung steinig und voller Herausforderungen, aber er war bereit, ihn zu gehen.

Mit neuem Elan setzte er sich wieder an das Schachbrett. Die Figuren schienen jetzt weniger bedrohlich und mehr wie Verbündete in seinem Kampf um Selbstakzeptanz. "Ich werde meine Ängste besiegen", dachte er. "Ich werde nicht nur ein Schachmeister sein, sondern auch der Meister meines eigenen Schicksals." Und so begann Fischer, seine Strategien zu überdenken, nicht nur für das bevorstehende Turnier, sondern auch für das Leben, das er führen wollte. Die Schatten mochten ihn weiterhin verfolgen, aber er war entschlossen, ihnen die Stirn zu bieten.

13.3 Ein unerwartetes Treffen verändert alles

Die Dämmerung hüllte das kleine, unscheinbare Café in eine melancholische Umarmung, als Paul Morphy und Bobby Fischer sich dort begegneten, unweit des Schachturniers. Der Raum war nur schwach erleuchtet, und die Wände waren mit alten Schachbildern geschmückt, die von den Kämpfen vergangener Meister erzählten. In den letzten Wochen hatten beide Männer enormen Druck verspürt, und nun standen sie sich gegenüber, nicht als Rivalen, sondern als zwei Seelen, die nach Verständnis strebten.

"Ich habe oft über dich nachgedacht, Bobby", begann Morphy, seine Stimme leise, aber bestimmt. "Wir sind beide auf der Suche nach dem gleichen Ziel, doch die Wege, die wir beschreiten, könnten unterschiedlicher nicht sein." Er betrachtete Fischer, dessen Gesicht von einer Mischung aus Entschlossenheit und innerer Zerrissenheit geprägt war. "Ich habe das Gefühl, dass wir mehr gemeinsam haben, als wir denken."

Bobby senkte den Blick auf seinen Kaffee, als ob er dort Antworten finden könnte. "Du verstehst nicht, was es bedeutet, in dieser Einsamkeit zu leben. Jeder Zug, den ich mache, ist von der Angst begleitet, zu versagen. Es ist nicht nur ein Spiel für mich, es ist mein Leben." Seine Stimme war rau, und die Worte schienen aus einer tiefen Quelle des Schmerzes zu kommen.

"Ich kenne diesen Schmerz", erwiderte Morphy sanft. "Ich habe ihn auch gefühlt, als ich versuchte, die Erwartungen meiner Familie und der Gesellschaft zu erfüllen. Aber ich habe gelernt, dass wir nicht allein sind. Wir müssen uns gegenseitig unterstützen, um die Schatten zu vertreiben, die uns verfolgen."

In diesem Moment öffnete sich eine Tür zu einer neuen Perspektive. Bobby hob den Blick und traf Morphys Augen. In diesem Austausch lag eine unausgesprochene Verbindung, ein Verständnis, das über Worte hinausging. "Was wäre, wenn wir unsere Rivalität hinter uns lassen und gemeinsam gegen die Schattenzüge kämpfen?", schlug Morphy vor. "Sie manipulieren uns, sie versuchen, uns gegeneinander auszuspielen. Wir könnten unsere Kräfte bündeln."

Fischer zögerte, die Idee schien sowohl verlockend als auch beängstigend. "Und was ist mit dem Preis des Ruhms? Was, wenn wir scheitern?" Die Unsicherheit in seiner Stimme war deutlich zu hören. Morphy lächelte leicht, als würde er einen alten Freund trösten. "Der wahre Preis des Ruhms ist nicht der Verlust, sondern die Einsamkeit, die wir dabei empfinden. Lass uns gemeinsam die Einsamkeit besiegen."

Ein Moment des Schweigens fiel über sie, während sie die Schwere der Situation erfassten. In diesem kleinen Café, umgeben von der Geschichte des Schachs, erkannten sie, dass ihre Rivalität nicht die einzige Geschichte war, die erzählt werden konnte. Sie waren nicht nur Spieler; sie waren Menschen, die nach Bedeutung suchten.

"Ich habe immer gedacht, dass ich allein kämpfen muss", gestand Bobby schließlich. "Aber vielleicht ist es an der Zeit, diese Denkweise zu ändern." Morphy nickte zustimmend. "Gemeinsam können wir die Schattenzüge entlarven und uns selbst befreien. Lass uns nicht länger in der Dunkelheit kämpfen."

Das Gespräch nahm eine neue Wendung, als sie begannen, ihre Strategien zu teilen, ihre Ängste und Hoffnungen. Sie erkannten, dass sie nicht nur Schachfiguren in einem Spiel waren, sondern Akteure in einem größeren Drama, das sich entfalten würde. Ihre Freundschaft begann, sich wie ein zartes Band zu knüpfen, das die Kluft zwischen ihnen überbrückte.

Als sie sich schließlich verabschiedeten, war die Atmosphäre im Café von einer neuen Hoffnung durchzogen. Morphy fühlte sich leichter, als ob die Last der Erwartungen, die auf seinen Schultern lagen, ein wenig erträglicher geworden war. Bobby hingegen spürte, dass die Einsamkeit, die ihn so lange gefangen gehalten hatte, zu schwinden begann. Sie hatten einen ersten Schritt in Richtung einer gemeinsamen Zukunft gemacht, und die Vorfreude auf die kommenden Konflikte erfüllte den Raum mit einer elektrisierenden Energie.

"Bis bald, Paul", sagte Bobby, als er die Tür öffnete und in die Nacht hinaustrat. "Bis bald, Bobby", antwortete Morphy und wusste, dass dies der Beginn einer neuen Ära war – nicht nur für sie, sondern für die gesamte Schachwelt.

14
Die Rückkehr

14.1 Morphy kehrt zurück ins Schachspiel

Ein sanftes, goldenes Licht umhüllte New Orleans, als die Sonne den Horizont erklomm. Paul Morphy saß an seinem Schachbrett, das er in der kleinen, bescheidenen Wohnung aufgestellt hatte, die er nach seinen Rückschlägen bezogen hatte. Die Stille des Morgens war durchdrungen von den Erinnerungen an seine vergangenen Triumphe und den schmerzhaften Verlusten, die ihn in den letzten Monaten verfolgt hatten. Er hatte die Schachwelt mit seinem außergewöhnlichen Talent begeistert, doch nun schien der Glanz seiner Erfolge verblasst zu sein.

Sein Blick wanderte über die Figuren, die still auf dem Brett standen, als ob sie darauf warteten, dass er ihnen Leben einhauchte. Doch die Unsicherheit nagte an ihm. Wie konnte er zurückkehren, nachdem er in den letzten Turnieren versagt hatte? Die Schattenzüge, diese geheimnisvolle Organisation, hatten nicht nur seine Gegner manipuliert, sondern auch ihn selbst in einen Strudel aus Zweifeln und Ängsten gezogen. Morphy wusste, dass er sich diesen Herausforderungen stellen musste, um seinen Platz in der Schachwelt zurückzugewinnen.

"Es ist an der Zeit, Paul", murmelte er leise zu sich selbst, während er die Figuren in Position brachte. "Es ist an der Zeit, zu kämpfen." Die Worte klangen wie ein Mantra, das ihn ermutigen sollte, sich seinen inneren Dämonen zu stellen. Er erinnerte sich an die Lektionen seines Mentors Samuel Duval, der ihm immer wieder gesagt hatte, dass der wahre Kampf nicht nur am Schachbrett stattfand, sondern auch im Herzen eines Spielers.

Die Herausforderungen, die vor ihm lagen, waren nicht nur technischer Natur. Morphy musste sich auch mit den Erwartungen seiner Umgebung auseinandersetzen. Die Schachwelt hatte hohe Ansprüche an ihn gestellt, und die ständige Angst, diesen nicht gerecht zu werden, lastete schwer auf seinen Schultern. Doch tief in seinem Inneren brannte das Feuer des Ehrgeizes weiter. Er wollte nicht nur zurückkehren; er wollte stärker zurückkommen als je zuvor.

Mit einem tiefen Atemzug begann er, seine Züge zu planen. Jeder Zug war nicht nur eine strategische Entscheidung, sondern auch ein Schritt in Richtung seiner eigenen Wiederauferstehung. Er stellte sich vor, wie er in einem großen Turnier stand, die Zuschauer gespannt auf ihn blickten, während er gegen die besten Spieler der Welt antrat. Der Gedanke daran gab ihm Kraft. Er musste die Schattenzüge hinter sich lassen und die Kontrolle über sein Schicksal zurückgewinnen.

In den folgenden Tagen trainierte Morphy unermüdlich. Er studierte alte Partien, analysierte seine Fehler und entwickelte neue Strategien. Doch während er sich auf das Schachspiel konzentrierte, wurde ihm bewusst, dass die Schattenzüge weiterhin im Hintergrund agierten. Ihre Manipulationen waren subtil, aber effektiv. Er spürte, dass sie versuchten, ihn zu beeinflussen, seine Entscheidungen zu lenken und seine Rückkehr zu sabotieren.

"Ich werde nicht zulassen, dass sie mich brechen", schwor er sich, während er eine Partie gegen sich selbst spielte. Die Figuren wurden zu seinen Verbündeten und Gegnern zugleich, jeder Zug ein Ausdruck seines Kampfes gegen die Unsichtbaren, die im Schatten lauerten. Morphy wusste, dass er sich nicht nur gegen seine Gegner am Brett behaupten musste, sondern auch gegen die Kräfte, die versuchten, ihn zu kontrollieren.

Seine Rückkehr ins Schachspiel war mehr als nur ein persönlicher Triumph; es war ein Symbol für Hoffnung und Wiederaufbau. Er wollte nicht nur für sich selbst spielen, sondern auch für all jene, die an ihn geglaubt hatten. Die Menschen in New Orleans, die ihn als Wunderkind gefeiert hatten, verdienten es, einen Champion zu sehen, der für seine Träume kämpfte.

Die Tage vergingen, und die Vorbereitungen für das nächste große Turnier nahmen Gestalt an. Morphy fühlte sich bereit, aber die Nervosität blieb. Er wusste, dass jeder Zug, den er machte, nicht nur das Spiel beeinflusste, sondern auch sein Schicksal. Die Schattenzüge waren noch nicht besiegt, und er musste sich auf alles gefasst machen, was sie ihm entgegenwerfen würden.

Als der Tag des Turniers endlich gekommen war, stand Morphy vor dem Spiegel und betrachtete sich selbst. Der junge Mann, der ihm entgegenblickte, war nicht mehr der verletzliche Spieler von einst. Er war ein Kämpfer, bereit, sich den Herausforderungen zu stellen, die das Leben und das Schachspiel für ihn bereithielten. Mit einem letzten Blick auf das Schachbrett in seiner Vorstellung trat er entschlossen aus der Tür, bereit, seine Rückkehr in die Schachwelt zu feiern und sich den Schattenzügen zu stellen.

14.2 Fischers Kampf um seine Identität

Ein schwerer Schleier der Dunkelheit umhüllte Bobby Fischer, während er an seinem Schachbrett saß, das nur von schwachem Licht erhellt wurde. Jeder seiner Züge war nicht bloß ein strategischer Schritt im Spiel, sondern auch ein Spiegelbild seines inneren Kampfes. Der Druck auf seinen Schultern war erdrückend, und er fühlte sich wie ein einsamer Krieger in einem gnadenlosen Gefecht, in dem jeder Fehler ihn näher an den Abgrund führte.

In den letzten Monaten hatte sich Fischer von einem gefeierten Meister zu einem Schatten seiner selbst gewandelt. Rückschläge hatten seine Selbstzweifel genährt und seine einst strahlende Identität als Schachgenie in Frage gestellt. In seinen Gedanken hallten die Stimmen der Kritiker wider, die ihn als denjenigen bezeichneten, der sein großes Potenzial nicht ausschöpfen konnte. Die Einsamkeit, die ihn umgab, wurde zu einer ständigen Begleiterin, die ihm ins Ohr flüsterte, dass er nicht genug sei.

Seine Beziehung zu Mira Takagi, der talentierten Schachspielerin an seiner Seite, war kompliziert. Sie war eine Quelle der Unterstützung, doch auch sie konnte die innere Leere nicht füllen, die Fischer verspürte. Ihre Gespräche über Strategien und Züge waren oft von einem unausgesprochenen Schmerz durchzogen. Mira erkannte den Kämpfer in ihm, doch Fischer war gefangen in der Dunkelheit, die ihn umgab. Ein Netz aus Erwartungen und Ängsten zog ihn immer tiefer in die Isolation.

Die Themen von Isolation und dem Preis des Erfolgs wurden in Fischers Leben immer deutlicher. Er hatte für den Ruhm gekämpft, doch was war der Preis dafür? Der Erfolg, den er so sehr ersehnt hatte, entfremdete ihn von den Menschen, die ihm am nächsten standen. In den ruhigen Nächten, wenn die Welt um ihn herum schlief, wurde die Einsamkeit zu einem erdrückenden Gewicht, das ihn niederdrückte. Er fragte sich, ob der Weg zum Schachmeister ihn letztendlich in ein Leben voller Einsamkeit führen würde.

Die Schattenzüge, jene geheimnisvolle Organisation, die die Fäden hinter den Kulissen zog, schienen seine inneren Konflikte nur zu verstärken. Fischer spürte, dass sie seine Schwächen ausnutzten, um ihn weiter zu isolieren. Ihre Manipulationen waren subtil, aber wirkungsvoll. Während er versuchte, seinen Platz in der Schachwelt zu finden, schien es, als ob die Schattenzüge alles daran setzten, ihn zu Fall zu bringen. Er war sich bewusst, dass sie seine Ängste kannten und sie gegen ihn verwendeten, um ihn in die Knie zu zwingen.

In einem Moment der Klarheit beschloss Fischer, sich seinen inneren Dämonen zu stellen. Er wusste, dass er seine Identität als Schachmeister zurückgewinnen musste, um nicht nur das Spiel, sondern auch sein Leben zurückzuerobern. Mit jedem Zug, den er machte, versuchte er, die Kontrolle über sein Schicksal zurückzugewinnen. Doch die Zweifel nagten an ihm, und die Angst vor dem Versagen war allgegenwärtig. Die quälende Frage blieb: Würde er die Dunkelheit besiegen oder würde sie ihn endgültig verschlingen?

Die emotionalen Turbulenzen, die Fischer erlebte, waren nicht nur eine Herausforderung für ihn selbst, sondern auch für die Menschen um ihn herum. Mira, die ihn unterstützte, war oft hin- und hergerissen zwischen ihrer Loyalität zu ihm und ihrem eigenen Wunsch nach Erfolg. Ihre Beziehung war von einer fragilen Balance geprägt, die jederzeit kippen konnte. Fischer wusste, dass er sich ändern musste, um nicht nur sich selbst, sondern auch die Menschen, die ihn liebten, nicht zu verlieren.

In den Tagen nach seiner Entscheidung spürte Fischer, wie sich ein Funke der Hoffnung in ihm regte. Er begann, seine Strategien zu überdenken und neue Wege zu finden, um seine Gegner zu besiegen. Die Einsamkeit, die ihn einst erdrückt hatte, wurde nun zu einem Antrieb, der ihn vorwärts trieb. Er wollte nicht nur gewinnen; er wollte seine Identität zurückerobern und beweisen, dass er mehr war als nur ein einsamer Krieger.

Doch während er sich auf den bevorstehenden Wettkampf vorbereitete, wusste er, dass die Schattenzüge noch nicht besiegt waren. Ihre Manipulationen waren ein ständiger Schatten, der über ihm schwebte. Fischer war entschlossen, sich diesen Herausforderungen zu stellen und seinen Platz in der Schachwelt zu finden, egal zu welchem Preis. Die Spannung stieg, und die kommenden Konflikte versprachen, ihn an seine Grenzen zu bringen.

14.3 Die Schattenzüge sind noch nicht besiegt

Die Nacht hatte sich wie ein schwerer Schleier über die Stadt gelegt, während Paul Morphy und Bobby Fischer in ihren Rückzugsorten saßen, gefangen in einem Netz aus Zweifeln und Ängsten. In den dunklen Ecken, verborgen vor den Augen der Welt, agierte die Organisation "Die Schattenzüge" mit einer Präzision, die an das Spiel selbst erinnerte. Jeder ihrer Züge war durchdacht, jeder Plan sorgsam ausgeklügelt, um die beiden Schachgenies gegeneinander auszuspielen.

Helena von Wirth, die charismatische Anführerin der Schattenzüge, betrachtete die beiden Spieler wie Schachfiguren auf einem Brett. Ihre manipulativen Fäden zogen sich durch die Leben von Morphy und Fischer, während sie sich bemühten, ihre eigenen inneren Kämpfe zu bewältigen. Helena wusste, dass die wahre Macht nicht nur im Gewinnen lag, sondern darin, die Kontrolle über die Schicksale anderer zu haben. Sie lächelte, als sie die Dynamik zwischen den beiden beobachtete; die Rivalität war nicht nur ein Wettkampf um Ruhm, sondern auch ein Spiel um Macht und Einfluss.

In der Dunkelheit seines Zimmers starrte Morphy auf das Schachbrett vor sich. Die Figuren schienen ihn herauszufordern, als ob sie ihm flüsterten, was er tun sollte. Doch in seinem Inneren tobte ein Sturm. Er fühlte sich hin- und hergerissen zwischen dem Drang, die Erwartungen seiner Mentoren zu erfüllen, und dem Wunsch, seine eigene Vision des Schachspiels zu verwirklichen. Der Druck, den die Schattenzüge auf ihn ausübten, verstärkte seine innere Zerrissenheit. Er wusste, dass sie ihn manipulierten, aber wie konnte er sich gegen eine so mächtige Organisation wehren?

Auf der anderen Seite der Stadt saß Bobby Fischer in seinem kleinen, unordentlichen Apartment. Der Bildschirm vor ihm flackerte, und er konnte die Gespenster seiner Vergangenheit spüren, die ihn verfolgten. Einsamkeit umhüllte ihn wie ein dunkler Mantel, während er versuchte, sich auf das nächste große Turnier vorzubereiten. Doch die Schattenzüge waren auch hier, ihre Präsenz fühlte sich wie ein kalter Hauch an, der ihm den Atem raubte. Er wusste, dass sie ihn beobachteten, seine Bewegungen analysierten und jeden Schritt, den er machte, beeinflussten. Diese ständige Überwachung verstärkte seine Paranoia und ließ ihn an seinen Fähigkeiten zweifeln.

Die Manipulationen der Schattenzüge hatten bereits erste Risse in der Beziehung zwischen Morphy und Fischer verursacht. Was einst ein respektvolles Wettspiel war, verwandelte sich in einen erbitterten Kampf, angeheizt durch die Intrigen der Organisation. Morphy begann, Fischers Züge als Bedrohung zu sehen, während Fischer in jedem seiner eigenen Züge die Möglichkeit sah, die Kontrolle über sein Schicksal zurückzugewinnen. Beide Männer waren gefangen in einem Spiel, das weit über das Schachbrett hinausging.

Helena wusste, dass sie den perfekten Moment abwarten musste, um zuzuschlagen. Sie hatte ihre eigenen Pläne, die sie in Bewegung setzen wollte, und sie war bereit, alles zu opfern, um ihre Ziele zu erreichen. Während sie in ihrem Büro saß, umgeben von den Schatten ihrer eigenen Machenschaften, entblätterte sich ein teuflischer Plan in ihrem Kopf. Die Zeit war reif, um Morphy und Fischer gegeneinander auszuspielen, und sie würde nicht ruhen, bis sie die Kontrolle über beide gewonnen hatte.

Als die Nacht tiefer wurde, fühlte Morphy einen plötzlichen Schauer über seinen Rücken laufen. Es war, als ob die Schatten selbst lebendig geworden wären, als ob sie ihm zuflüsterten, dass er sich auf einen gefährlichen Pfad begab. Er wusste, dass er handeln musste, bevor es zu spät war. Doch wie konnte er gegen eine Organisation kämpfen, die so viel Macht und Einfluss hatte? Die Antwort lag nicht nur in seinen Schachfähigkeiten, sondern auch in der Fähigkeit, Verbündete zu finden und die Wahrheit über die Schattenzüge ans Licht zu bringen.

Fischer hingegen war in einem ähnlichen Dilemma gefangen. Die Einsamkeit hatte ihn gelehrt, dass Vertrauen ein gefährliches Spiel war, doch die Schattenzüge zwangen ihn, sich zu fragen, ob er bereit war, alles zu riskieren, um die Kontrolle über sein eigenes Schicksal zurückzugewinnen. In einem Moment der Klarheit erkannte er, dass er nicht allein war; er hatte Mira, die ihm half, die Dunkelheit zu durchdringen, die ihn umgab. Doch konnte er ihr wirklich vertrauen, oder war sie auch nur ein weiteres Werkzeug der Schattenzüge?

Das Kapitel endete mit einem Gefühl der Ungewissheit, während Morphy und Fischer sich auf den unvermeidlichen Konflikt vorbereiteten. Die Schattenzüge waren noch nicht besiegt, und die bevorstehenden Herausforderungen würden sowohl ihre Fähigkeiten als auch ihre Seelen auf die Probe stellen. Die Leser wurden mit einem Cliffhanger zurückgelassen, der die Vorfreude auf die kommenden Konflikte erhöhte und die Frage aufwarf: Wer würde letztendlich als Sieger aus diesem Spiel hervorgehen?

15
Das große Finale

15.1 Ein episches Duell der Meister

Die Atmosphäre im Raum pulsierte vor Spannung, als Paul Morphy und Bobby Fischer sich am Schachbrett gegenüberstellten. Die Wände des ehrwürdigen Turnierhauses schienen die unzähligen Atemzüge der Zuschauer in sich aufzusaugen, während die beiden Genies sich auf das bevorstehende Duell vorbereiteten. Jeder Blick, jede Geste war durchdrungen von einer elektrisierenden Energie, die das Publikum in ihren Bann zog. Es war nicht nur ein Spiel; es war der Höhepunkt ihrer Rivalität, der Moment, auf den sie beide so lange hingearbeitet hatten.

Paul Morphy, das Wunderkind aus New Orleans, war berühmt für seine blitzschnellen Züge und seine Fähigkeit, Gegner mit unerwarteten Strategien zu überlisten. Aufrecht saß er da, seine Hände leicht zitternd vor Aufregung, während sein Blick das Schachbrett durchdrang. In seinen Augen funkelte der Ehrgeiz, und die Erinnerungen an all die Herausforderungen, die er überwunden hatte, schienen ihn zu beflügeln. Sein Mentor, Samuel Duval, stand in der ersten Reihe und beobachtete jeden Zug mit einem stolzen, aber besorgten Ausdruck. Duval wusste, dass Morphy nicht nur gegen Fischer spielte, sondern auch gegen die Erwartungen, die auf ihm lasteten.

Auf der anderen Seite des Brettes saß Bobby Fischer, der einsame Krieger des Schachspiels. Seine Augen waren kalt und konzentriert, ein Spiegelbild seiner inneren Kämpfe. Fischer hatte die Einsamkeit und den Druck des Ruhms oft zu spüren bekommen, und jetzt, in diesem entscheidenden Moment, war er entschlossen, seine Dämonen zu besiegen. Er war nicht nur hier, um zu gewinnen; er war hier, um sich selbst zu beweisen. Der Gedanke an die Schattenzüge, die im Hintergrund agierten, nagte an ihm, doch er wusste, dass er sich auf das Spiel konzentrieren musste. Jede Partie war ein Krieg, und er war bereit, alles zu geben.

Die ersten Züge wurden gemacht, und sofort war klar, dass beide Spieler auf der Höhe ihres Könnens waren. Morphy eröffnete mit einem mutigen Gambit, das die Zuschauer in Staunen versetzte. Er opferte einen Bauern, um schnell Kontrolle über das Zentrum des Brettes zu erlangen. Fischer, unbeeindruckt von dem Risiko, reagierte mit einer soliden Verteidigung, die seine eigenen strategischen Absichten offenbarte. Die Züge flogen hin und her, und jeder Spieler schien die Gedanken des anderen zu lesen, als ob sie in einem stillen Dialog miteinander kommunizierten.

Die Atmosphäre war geladen mit Emotionen, und die Zuschauer hielten den Atem an, während sie die Züge verfolgten. Morphys innovative Spielweise brachte frischen Wind in die Partie, während Fischers analytische Herangehensweise die Dinge komplizierter machte. Es war ein Tanz zwischen Kreativität und Logik, und jeder Zug war ein Schritt in einem komplexen Spiel, das weit über die Grenzen des Schachbretts hinausging. Die Zuschauer konnten die Spannung förmlich spüren, als die beiden Meister sich gegenseitig herausforderten, ihre besten Strategien enthüllten und gleichzeitig die Geheimnisse des Spiels bewahrten.

Inmitten dieser elektrisierenden Atmosphäre bemerkte Morphy, wie die Schattenzüge im Hintergrund ihre Fäden zogen. Helena von Wirth, die manipulative Anführerin der Organisation, hatte ihre eigenen Pläne, und Morphy konnte nicht anders, als sich zu fragen, ob sie in diesem Spiel eine Rolle spielten. Doch jetzt war nicht die Zeit für Ablenkungen. Er musste sich auf Fischer konzentrieren, auf die Herausforderung, die direkt vor ihm lag. Fischer war kein gewöhnlicher Gegner; er war ein Meister seines Fachs, und Morphy wusste, dass er alles geben musste, um zu gewinnen.

Die Partie entwickelte sich weiter, und die Züge wurden zunehmend komplexer. Morphy setzte seine Figuren mit einer Eleganz ein, die das Publikum in Erstaunen versetzte. Jeder Zug war durchdacht, jeder Plan präzise ausgeführt. Doch Fischer war nicht bereit, sich geschlagen zu geben. Mit einem kühnen Zug stellte er Morphy vor eine unerwartete Herausforderung, die die gesamte Dynamik der Partie veränderte. Das Publikum hielt den Atem an, als die beiden Spieler sich in einem strategischen Wettlauf um die Vorherrschaft befanden.

Die Spannung zwischen den beiden Spielern war greifbar, und die Herausforderungen, denen sie sich gegenübersahen, schienen über das Schachbrett hinauszugehen. Es war ein Kampf um Ruhm, Macht und letztlich um die eigene Identität. Während die Uhren tickten und die Züge sich häuften, wurde jedem klar, dass dieses Duell nicht nur ein Spiel war, sondern der Beginn eines neuen Kapitels in der Geschichte des Schachs. Morphy und Fischer waren bereit, alles zu riskieren, um als Sieger hervorzugehen.

15.2 Strategien, die das Schicksal entscheiden

Im Turniersaal pulsierte die Luft vor Spannung, als Paul Morphy und Bobby Fischer am Schachbrett aufeinandertrafen. Die Zuschauer hielten den Atem an, während die ersten Züge in die Tat umgesetzt wurden. In diesem entscheidenden Moment, als die Figuren zu tanzen begannen, schien es, als ob die Schattenzüge, die im Verborgenen agierten, ihre Fäden noch enger zogen.

Ein Kribbeln durchfuhr Pauls Nacken, als er seinen ersten Zug ausführte. Es war mehr als ein Spiel; es war ein Kampf um seine Identität, um seinen Platz in der Welt des Schachs. Erinnerungen an die unzähligen Stunden des Trainings, an die Unterstützung seines Mentors Samuel Duval und an die drückenden Erwartungen, die auf ihm lasteten, durchzogen seinen Geist. Doch je länger das Spiel dauerte, desto klarer wurde ihm, dass nicht nur seine Fähigkeiten am Brett auf die Probe gestellt wurden, sondern auch die Geheimnisse, die tief in seinem Inneren verborgen lagen.

In der ersten Runde wirkte Fischer zunächst überlegen. Seine Züge waren präzise, fast mechanisch, und er spielte mit einer Kälte, die Pauls Herz schneller schlagen ließ. Während Paul über seine Strategien nachdachte, hallten Duvals Worte in seinem Kopf: "Schach ist nicht nur ein Spiel der Züge, sondern auch der Täuschung." Diese Erkenntnis begleitete ihn, als er einen riskanten Zug plante, der sowohl seine Gegner als auch die Zuschauer überraschen sollte.

Plötzlich durchbrach ein leises Murmeln die Stille des Saals. Ein Zuschauer hatte eine Verbindung zwischen Fischer und Helena von Wirth, der geheimnisvollen Anführerin der Schattenzüge, hergestellt. Gerüchte über geheime Absprachen und Manipulationen begannen sich auszubreiten. Pauls Gedanken rasten. Hatte Fischer tatsächlich Unterstützung von dieser dunklen Organisation? Und wenn ja, was bedeutete das für ihn?

Mit fortschreitender Partie kamen weitere Enthüllungen ans Licht. In einem kritischen Moment bemerkte Paul, wie Fischer kurz zögerte, bevor er einen Zug machte. In diesem Augenblick schien es, als fielen die Masken und die wahren Gesichter der beiden Spieler würden sichtbar. Paul erkannte die Unsicherheit in Fischers Augen, die sich hinter seiner stoischen Fassade verbarg. Es war der Ausdruck eines Mannes, der gegen seine eigenen Dämonen kämpfte, während er gleichzeitig die Erwartungen der Schattenzüge erfüllte.

"Was hast du zu verlieren, Bobby?" murmelte Paul leise, während er seinen nächsten Zug überlegte. "Wenn du gewinnst, wirst du zum König gekrönt, aber wenn du verlierst, wird dein Name in Vergessenheit geraten." Diese Gedanken nagten an ihm, während er versuchte, die Kontrolle über das Spiel zurückzugewinnen. Der Druck, der auf beiden Spielern lastete, war enorm, und die Manipulationen der Schattenzüge schienen alles noch komplizierter zu machen.

Mit jedem Zug intensivierte sich die Rivalität. Paul fühlte sich wie ein Schachbrett, auf dem die Figuren nicht nur aus Holz, sondern aus den Träumen und Ängsten der beiden Spieler bestanden. Die Wahrheit, die in den Schatten verborgen lag, begann sich wie ein Schatten über das Spiel zu legen. Plötzlich wurde ihm klar, dass es nicht nur um den Titel ging, sondern um die Enthüllung der Geheimnisse, die sie beide trugen.

Die Zuschauer waren gefesselt von der Dynamik zwischen den beiden Spielern. Paul wusste, dass er einen entscheidenden Vorteil nutzen musste, um Fischers Zweifel zu entblößen. Mit einem kühnen Zug brachte er eine Figur ins Spiel, die alles verändern könnte. Fischer erstarrte für einen Moment, und Paul sah die Verwirrung in seinen Augen. Es war der perfekte Moment, um die Wahrheit ans Licht zu bringen.

"Du spielst nicht nur gegen mich, Bobby", sagte Paul mit fester Stimme. "Du spielst gegen die Schattenzüge, die dich manipulieren wollen." Die Worte hallten im Raum wider, und die Menge verstummte. Fischer sah Paul an, als ob er ihn zum ersten Mal wirklich wahrnahm. In diesem Augenblick schien die Rivalität zwischen ihnen nicht mehr nur ein Wettkampf um Ruhm zu sein, sondern ein Kampf um die eigene Seele.

Die Spannung stieg, als die Züge weiter gemacht wurden. Paul wusste, dass die Enthüllungen, die während des Spiels ans Licht kamen, nicht nur den Verlauf des Spiels beeinflussen würden, sondern auch die Art und Weise, wie sie beide sich selbst und ihre Ambitionen betrachteten. Wahrheit und Täuschung waren die wahren Gegner, und in diesem epischen Duell war jeder Zug entscheidend für ihr Schicksal.

15.3 Der Einfluss der Schattenzüge erreicht seinen Höhepunkt

Im Turniersaal hing die Spannung wie ein schwerer Nebel in der Luft, so dicht, dass man sie beinahe greifen konnte. Paul Morphy und Bobby Fischer saßen sich am Schachbrett gegenüber, ihre Blicke fest auf die Figuren gerichtet, die für ihre Schicksale standen. Während sie in ihren eigenen Kämpfen gefangen waren, schwebte eine unsichtbare Macht über ihnen, die ihre Entscheidungen lenkte und ihre Gedanken manipulierte – die Schattenzüge.

Helena von Wirth beobachtete das Geschehen aus dem Hintergrund, ihre grünen Augen blitzten vor Berechnung. Sie hatte die Fäden des Spiels längst in der Hand, und die beiden Genies waren nichts weiter als Schachfiguren in ihrem perfiden Spiel. Jeder Zug, den Morphy und Fischer machten, wurde von ihrer Organisation beeinflusst, die unbemerkt die Ereignisse orchestrierte. Die Zuschauer ahnten nichts von der Dunkelheit, die hinter den Kulissen lauerte, während sie die brillante Schachkunst bewunderten.

Ein Unbehagen überkam Paul, als würde es ihn wie ein Schatten verfolgen. Etwas stimmte nicht; die Entscheidungen, die er traf, schienen nicht nur aus seinem eigenen Willen zu entspringen. Seine Gedanken wanderten zurück zu den vielen Stunden, die er mit Samuel Duval verbracht hatte, seinem Mentor, der ihm stets versichert hatte, dass Schach mehr als nur ein Spiel sei – es sei eine Metapher für das Leben selbst. Doch jetzt, in diesem entscheidenden Moment, fühlte sich das Spiel wie ein Netz an, das ihn gefangen hielt.

Bobby hingegen war in seinen eigenen inneren Konflikten gefangen. Die Einsamkeit, die ihn seit Jahren begleitete, hatte sich zu einem lähmenden Gefühl entwickelt. Während er auf das Brett starrte, sah er nicht nur die Figuren, sondern auch die Geister seiner Vergangenheit – die Freunde, die er verloren hatte, die Beziehungen, die er vernachlässigt hatte. Und doch, tief in seinem Inneren, wusste er, dass er kämpfen musste, nicht nur gegen Morphy, sondern auch gegen die Dämonen, die ihn verfolgten.

Als die ersten Züge gemacht wurden, war die Spannung greifbar. Morphy setzte seine Figuren mit einer Anmut und Präzision, die das Publikum in Staunen versetzte. Doch während er seine Strategie entfaltete, spürte er die subtile Manipulation der Schattenzüge, die wie ein kalter Wind durch den Raum wehte. Es war, als ob unsichtbare Hände seine Entscheidungen beeinflussten, ihn in eine Richtung drängten, die er nicht vollständig verstand.

"Mach den nächsten Zug, Paul", flüsterte eine Stimme in seinem Kopf, die nicht seine eigene war. Er zögerte, als er die Möglichkeiten abwog. Die Schattenzüge hatten ihn erreicht, und die Kontrolle über sein Schicksal schien ihm zu entgleiten. Plötzlich wurde ihm klar, dass er nicht nur gegen Fischer spielte, sondern auch gegen die dunklen Mächte, die seine Leidenschaft für das Spiel in einen Kampf um seine Seele verwandelt hatten.

Fischer hingegen fühlte sich von der Intensität des Spiels überwältigt. Er hatte das Gefühl, dass jeder Zug, den er machte, nicht nur das Ergebnis des Spiels beeinflusste, sondern auch die Art und Weise, wie die Welt ihn sah. In seinen Gedanken tauchten Bilder von Mira Takagi auf, die ihm in den entscheidenden Momenten beistand. Ihre Loyalität war sein Licht in der Dunkelheit, aber auch sie konnte die Schattenzüge nicht besiegen, die wie ein dunkles Gewitter über ihnen schwebten.

Die Zeit tickte unerbittlich, und die Züge wurden schneller und aggressiver. Morphy und Fischer kämpften nicht nur um den Titel, sondern um ihre Identität und ihre Freiheit. Die Schattenzüge hatten ihre Macht demonstriert, und die Frage, die sich aufdrängte, war: Würden sie es schaffen, sich von dieser Manipulation zu befreien, oder würden sie für immer in den Fängen der Dunkelheit gefangen bleiben?

Der Raum war erfüllt von einem elektrisierenden Gefühl, als die letzten Züge des Spiels näher rückten. Die Zuschauer hielten den Atem an, während die beiden Meister ihre finalen Entscheidungen trafen. Doch in diesem entscheidenden Moment, als die Spannung ihren Höhepunkt erreichte, geschah etwas Unerwartetes. Ein unerwarteter Schachzug von Morphy ließ die Zuschauer aufschreien, und die Schattenzüge schienen für einen Moment zu stagnieren.

Doch in der Dunkelheit regte sich etwas. Helena von Wirth lächelte kalt, während sie ihre eigenen Pläne schmiedete. "Das Spiel ist noch lange nicht vorbei", murmelte sie leise, und die Vorahnung eines kommenden Sturms erfüllte den Raum. Die Schattenzüge hatten ihre Macht gezeigt, aber die wahre Herausforderung stand den beiden Schachmeistern noch bevor.

Und so endete das Kapitel, mit der drängenden Frage, ob Morphy und Fischer in der Lage sein würden, die Schattenzüge zu besiegen, die über ihren Schicksalen schwebten. Die Bühne war bereitet für den nächsten Akt in diesem dramatischen Spiel um Ruhm, Macht und die Seele des Schachspiels.

16
Die Wahrheit kommt ans Licht

16.1 Enthüllungen über die Schattenzüge und ihre Ziele

In den dunklen Winkeln der Schachwelt, wo das Licht der Wahrheit selten eindringt, operiert eine geheime Gesellschaft, die sich "Die Schattenzüge" nennt. Ihre Einflüsse durchdringen die Rivalität zwischen Paul Morphy und Bobby Fischer, während sie im Verborgenen ihre manipulativen Spiele inszenieren. Diese Schattenzüge sind mehr als nur eine Gruppe von Strategen; sie sind die unsichtbaren Architekten des Schicksals, die die beiden Genies gegeneinander ausspielen und ihre Ambitionen in gefährliche Bahnen lenken.

Helena von Wirth, die charismatische Anführerin dieser Organisation, sitzt in einem düsteren Raum, umgeben von antiken Schachbrettern und strategischen Karten. Ihr Blick ist scharf und durchdringend, während sie die neuesten Entwicklungen zwischen Morphy und Fischer beobachtet. Mit einem leichten Lächeln auf den Lippen denkt sie an die Macht, die sie über die beiden Spieler hat. Sie weiß, dass jeder Zug, den sie macht, das Gleichgewicht zwischen Ruhm und Ruin beeinflussen kann. "Macht ist ein Spiel", murmelt sie, während ihre Finger über die Figuren auf dem Brett gleiten, "und ich bin diejenige, die die Regeln bestimmt."

Die Schattenzüge haben es sich zur Aufgabe gemacht, die beiden Spieler zu manipulieren, indem sie Informationen streuen und Fehlinformationen verbreiten. Sie nutzen die Schwächen und Ängste beider Männer aus, um sie in einen Wettstreit zu verwickeln, der nicht nur um den Titel des Schachweltmeisters geht, sondern auch um ihre Seelen. Während Morphy in der glanzvollen Welt des 19. Jahrhunderts nach Ruhm strebt, wird Fischer von seinen inneren Dämonen geplagt, die ihn in die Einsamkeit treiben. Die Schattenzüge wissen genau, wie sie diese Konflikte schüren können, um ihre eigenen Ziele zu erreichen.

In einem geheimen Treffen diskutieren die Mitglieder der Schattenzüge über ihre nächsten Schritte. "Wir müssen Morphy und Fischer weiter gegeneinander ausspielen", sagt ein älterer Mann mit einer tiefen Stimme. "Wenn wir ihre Rivalität anheizen, können wir sie dazu bringen, Fehler zu machen. Jeder Fehler wird sie näher an ihren Untergang bringen." Die anderen nicken zustimmend, während sie die Pläne für die kommenden Monate ausarbeiten. Die Atmosphäre ist geladen mit einer Mischung aus Spannung und Vorfreude auf das, was kommen wird.

Währenddessen spüren Morphy und Fischer die unsichtbare Hand der Schattenzüge, die über ihnen schwebt. Morphy, der mit seinem unermüdlichen Ehrgeiz kämpft, bemerkt, dass seine Gegner immer aggressiver werden. Er fragt sich, ob er wirklich allein gegen die Kräfte antreten kann, die im Hintergrund agieren. "Es gibt etwas, das ich nicht verstehe", denkt er, während er über seine nächsten Züge nachdenkt. "Warum scheinen meine Gegner immer einen Schritt voraus zu sein?"

Fischer hingegen ist in einem ständigen Kampf mit seinen inneren Dämonen gefangen. Die Einsamkeit nagt an ihm, während er versucht, seine Gedanken zu ordnen. "Jeder Zug könnte mein letzter sein", denkt er, während er die Schachfiguren auf dem Brett betrachtet. "Was, wenn ich nicht gewinne? Was, wenn ich alles verliere?" Die Schattenzüge nutzen seine Ängste aus, um ihn in einen Zustand der Paranoia zu versetzen, der ihn weiter isoliert.

Die Spannung zwischen den beiden Spielern steigt, während die Schattenzüge im Hintergrund ihre Manipulationen intensivieren. Morphy und Fischer stehen vor der Herausforderung, sich gegen die Einflüsse der Organisation zu wehren, die ihre Schicksale in der Hand hält. Die Rivalität wird zu einem Spiel um Leben und Tod, in dem nicht nur ihre Karrieren, sondern auch ihre Identitäten auf dem Spiel stehen.

"Ich muss herausfinden, wer hinter diesen Manipulationen steckt", denkt Morphy entschlossen. "Ich kann nicht zulassen, dass sie mein Schicksal bestimmen." Gleichzeitig hat Fischer einen ähnlichen Gedanken: "Ich werde nicht zulassen, dass diese Schattenzüge mich besiegen. Ich werde kämpfen, egal was es kostet."

Die Schattenzüge beobachten jeden Schritt, den Morphy und Fischer machen, und sie wissen, dass die Zeit gegen die beiden Spieler arbeitet. Ihre Manipulationen werden immer raffinierter, und die Charaktere müssen sich ihren Herausforderungen stellen, während sie versuchen, die Kontrolle über ihr eigenes Schicksal zurückzugewinnen. In diesem Spiel der Macht und Kontrolle ist nichts sicher, und die wahren Absichten der Schattenzüge bleiben im Dunkeln verborgen.

Die Spannung erreicht ihren Höhepunkt, als die beiden Spieler sich auf das bevorstehende Duell vorbereiten. Die Schattenzüge haben ihre Fäden gesponnen, und nun liegt es an Morphy und Fischer, zu entscheiden, ob sie sich den Herausforderungen stellen oder sich in die Dunkelheit zurückziehen. Der Kampf um Ruhm und Macht hat gerade erst begonnen, und die Schattenzüge sind bereit, alles zu tun, um ihre Ziele zu erreichen.

16.2 Morphy und Fischer vereinen ihre Kräfte

In der sanften Dämmerung eines kleinen Raumes, umgeben von den pulsierenden Klängen New Orleans, saßen Paul Morphy und Bobby Fischer an einem schlichten Holztisch, die Schachfiguren vor ihnen aufgestellt wie tapfere Soldaten auf dem Schlachtfeld. Die Luft war durchdrungen von einer elektrisierenden Spannung, nicht nur wegen des bevorstehenden Spiels, sondern auch aufgrund der drückenden Last ihrer gemeinsamen Herausforderungen. Obwohl sie Rivalen waren, war es an der Zeit, ihre Differenzen beiseite zu legen und sich zusammenzuschließen, um gegen die manipulativen Kräfte der Schattenzüge zu kämpfen.

"Wir müssen strategisch vorgehen", begann Morphy, seine Stimme fest, aber leise. "Die Schattenzüge sind nicht nur eine Bedrohung für uns beide, sie sind eine Gefahr für das gesamte Schachspiel." Fischer nickte, sein Blick auf das Schachbrett gerichtet, als ob die Lösung ihrer Probleme zwischen den Figuren verborgen lag. "Wir müssen herausfinden, was sie wirklich wollen und wie wir ihre Pläne durchkreuzen können", antwortete er, während er einen Springer bewegte, als würde er damit seine Gedanken ordnen.

Die Schattenzüge hatten ihre Macht bereits bewiesen, indem sie die beiden Spieler gegeneinander ausgespielt hatten. Morphy fühlte die innere Zerrissenheit, die ihn seit seiner Kindheit begleitete. Er war es gewohnt, im Rampenlicht zu stehen, doch jetzt, wo er die Möglichkeit hatte, mit Fischer zusammenzuarbeiten, spürte er eine unerwartete Erleichterung. "Ich habe immer gedacht, dass ich alleine kämpfen muss", gestand er. "Aber vielleicht ist es an der Zeit, dass wir uns gegenseitig unterstützen."

Fischer sah auf, seine blauen Augen blitzten vor Entschlossenheit. "Du hast recht. Ich habe zu lange in der Einsamkeit gekämpft. Vielleicht ist es an der Zeit, diese Einsamkeit hinter mir zu lassen." In diesem Moment entstand zwischen den beiden Männern eine Verbindung, die über das Schachspiel hinausging. Es war ein stilles Versprechen, sich gegenseitig zu unterstützen, während sie sich den dunklen Machenschaften der Schattenzüge entgegenstellten.

Die Herausforderungen, die vor ihnen lagen, waren gewaltig. Morphy wusste, dass die Schattenzüge über Informationen verfügten, die sie nutzen konnten, um ihre Gegner zu destabilisieren. "Wir müssen mehr über Helena von Wirth erfahren", sagte er. "Sie ist die Schlüsselperson in dieser Organisation, und wenn wir sie verstehen, können wir ihre Pläne durchkreuzen." Fischer stimmte zu und begann, seine eigenen Nachforschungen anzustellen, während Morphy seine Gedanken auf das Schachspiel konzentrierte.

"Es ist wie im Schach", erklärte Morphy, während er einen weiteren Zug machte. "Jeder Spieler hat seine Strategie, und wir müssen unsere Züge sorgfältig planen. Wenn wir zu impulsiv handeln, könnten wir alles verlieren." Fischer nickte, während er seine eigenen Figuren bewegte. "Wir müssen Geduld haben und jeden Schritt genau abwägen. Aber wir dürfen auch nicht vergessen, dass wir zusammenarbeiten müssen, um erfolgreich zu sein."

Die beiden Männer verbrachten Stunden damit, Strategien zu entwickeln und ihre Züge zu besprechen. Die Schachfiguren wurden zu Symbolen ihrer Entschlossenheit, und jede Partie, die sie spielten, verstärkte ihre Freundschaft. Doch während sie sich auf das Spiel konzentrierten, schwebte die ständige Bedrohung der Schattenzüge über ihnen. Morphy konnte nicht umhin, sich zu fragen, ob sie wirklich stark genug waren, um sich gegen diese geheimnisvolle Organisation zu behaupten.

"Was ist, wenn wir scheitern?", fragte Morphy schließlich, seine Stimme kaum mehr als ein Flüstern. Fischer sah ihn an, und in seinen Augen lag eine tiefe Traurigkeit. "Dann haben wir es wenigstens versucht. Aber ich glaube, dass wir es schaffen können. Wir müssen nur an uns glauben und uns gegenseitig unterstützen."

In diesem Moment wurde Morphy klar, dass die wahre Stärke nicht nur im individuellen Talent lag, sondern auch in der Fähigkeit, sich auf andere zu verlassen. Die Themen von Freundschaft und Unterstützung, die in ihren Gesprächen aufkamen, wurden zu einem Leitmotiv für ihre Zusammenarbeit. Gemeinsam würden sie gegen die Schattenzüge kämpfen, und unabhängig vom Ausgang des Spiels würden sie nicht mehr allein sein.

Als die Nacht hereinbrach und die Lichter der Stadt zu funkeln begannen, wussten Morphy und Fischer, dass sie sich auf einen gefährlichen Weg begaben. Doch sie waren bereit, sich den Herausforderungen zu stellen, die die Schattenzüge für sie bereithielten. Ihre Freundschaft war gewachsen, und mit jedem Zug, den sie machten, festigten sie ihr Bündnis gegen die Dunkelheit, die über der Schachwelt schwebte.

16.3 Ein Plan zur Befreiung wird geschmiedet

In der kühlen Dämmerung eines geheimen Treffens, verborgen hinter den ehrwürdigen Mauern eines alten Schachclubs, saßen Paul Morphy und Bobby Fischer einander gegenüber. Die Luft war durchzogen von einer elektrisierenden Mischung aus Nervosität und Entschlossenheit. Beide Männer hatten sich von den manipulativen Fäden der Schattenzüge befreit, doch die Narben ihrer Kämpfe waren noch frisch. Der Plan, den sie schmieden wollten, war nicht nur eine Strategie gegen die Organisation, sondern auch ein Weg, um ihre eigenen inneren Dämonen zu besiegen.

"Wir müssen ihre Züge vorhersagen, bevor sie uns manipulieren können", begann Morphy, seine Stimme fest und klar. "Die Schattenzüge haben uns gegeneinander ausgespielt, aber wir können ihre Macht brechen, wenn wir zusammenarbeiten." Seine Augen funkelten vor Entschlossenheit, während er die Schachfiguren auf dem Tisch ordnete. Jede Figur symbolisierte nicht nur einen strategischen Zug, sondern auch die Herausforderungen, die sie bewältigen mussten.

Bobby nickte, seine Gedanken wirbelten. "Aber wie? Sie sind überall, und ihre Manipulationen sind tief verwurzelt. Ich habe es am eigenen Leib erfahren. Es ist, als ob sie immer einen Schritt voraus sind." Die Einsamkeit, die ihn oft begleitete, schien in diesem Moment weniger erdrückend, als er die Unterstützung seines Rivalen spürte. Es war ein unerwarteter, aber notwendiger Verbündeter, der ihm half, die Dunkelheit zu vertreiben.

"Wir müssen ihre Schwächen finden", schlug Morphy vor. "Helena von Wirth ist clever, aber sie ist auch gierig. Wenn wir sie dazu bringen können, sich selbst zu überschätzen, wird sie einen Fehler machen." Die Worte des jungen Schachgenies waren durchdrungen von einer Hoffnung, die beide Männer anfeuerte. Es war ein Lichtstrahl in der Dunkelheit, ein Funke, der die Flamme des Widerstands entzünden konnte.

"Und was ist mit Mira?", fragte Bobby, während er an die talentierte Schachspielerin dachte, die an seiner Seite gestanden hatte. "Sie könnte wertvolle Informationen haben, aber ich weiß nicht, ob ich ihr trauen kann."

"Wir müssen sie einbeziehen", antwortete Morphy entschlossen. "Sie ist nicht nur eine Schachspielerin, sondern auch eine Strategin. Ihre Loyalität könnte der Schlüssel sein, um Helena zu überlisten." In diesem Moment wurde beiden Männern klar, dass sie nicht nur gegen die Schattenzüge kämpften, sondern auch gegen ihre eigenen Zweifel und Ängste. Die Themen von Hoffnung und Wiederaufbau durchzogen ihre Gespräche, während sie einen Plan entwarfen, der nicht nur ihre Freiheit, sondern auch ihre Identität als Schachmeister sichern sollte.

Die Stunden vergingen, während sie ihre Strategien ausarbeiteten. Sie skizzierten Szenarien, analysierten mögliche Züge und diskutierten, wie sie die Schattenzüge überlisten könnten. Morphy fühlte sich lebendig, als er die Schachfiguren bewegte, jede Bewegung ein Schritt näher zur Befreiung. Bobby hingegen kämpfte mit der ständigen Angst, wieder in die Einsamkeit zurückzufallen, doch die Anwesenheit von Morphy gab ihm den Mut, weiterzumachen.

"Wir müssen uns darauf vorbereiten, dass sie zurückschlagen werden", warnte Bobby schließlich. "Wenn wir sie herausfordern, werden sie alles tun, um uns zu stoppen."

"Das ist der Preis des Ruhms", erwiderte Morphy mit einem leichten Lächeln. "Aber wir sind bereit, diesen Preis zu zahlen. Wir haben bereits so viel verloren. Es ist an der Zeit, unsere Stimmen zu erheben und für das zu kämpfen, was uns zusteht."

In diesem Moment fühlten sich die beiden Rivalen nicht mehr als Gegner, sondern als Verbündete im Kampf gegen eine gemeinsame Bedrohung. Sie hatten einen Plan geschmiedet, der sie nicht nur von den Schattenzügen befreien würde, sondern auch ihre eigenen inneren Konflikte lösen könnte. Die Vorfreude auf die kommenden Konflikte pulsierte in der Luft, während sie sich gegenseitig anfeuerten, bereit, sich der Herausforderung zu stellen, die vor ihnen lag.

Mit einem letzten Blick auf das Schachbrett, das nun für sie eine neue Bedeutung hatte, standen Morphy und Fischer auf. Es war nicht nur ein Spiel mehr; es war der Beginn eines neuen Kapitels in ihrem Leben. Gemeinsam würden sie die Schattenzüge besiegen und ihren Platz in der Schachwelt zurückerobern.

17
Der letzte Zug

17.1 Ein entscheidendes Spiel um die Freiheit

Ein elektrisierendes Gefühl durchzog den Raum, als Paul Morphy und Bobby Fischer sich am Schachbrett gegenüberstanden. Das gedämpfte Murmeln der Zuschauer erfüllte die Luft, während alle gebannt auf das bevorstehende Duell blickten. Jeder Atemzug schien die Schwere des Moments zu verstärken, während die beiden Meister ihre ersten Züge überlegten. In diesem entscheidenden Spiel ging es nicht nur um den Titel des Weltmeisters, sondern auch um ihre Freiheit – die Freiheit, sich selbst zu beweisen, die Freiheit, ihren Platz in der Geschichte des Schachs zu behaupten.

Die Atmosphäre war angespannt, als Morphy seinen Blick auf das Schachbrett richtete. Die Figuren schienen fast lebendig zu sein, jede von ihnen ein Symbol für die Kämpfe, die er bereits durchlebt hatte. Erinnerungen an seine Kindheit in New Orleans, wo er als Wunderkind gefeiert wurde, drängten sich in seinen Geist, zusammen mit den Erwartungen, die damit einhergingen. Jetzt, in diesem Moment, fühlte er den Druck, nicht nur seine eigenen Träume zu verwirklichen, sondern auch die Hoffnungen seiner Unterstützer zu erfüllen. Sein Herz schlug schneller, als er den ersten Zug machte, ein mutiger Vorstoß, der die Richtung des Spiels bestimmen sollte.

Fischer hingegen saß ruhig und konzentriert. Sein Blick war scharf, fast durchdringend, als er die Stellung auf dem Brett analysierte. Er war der einsame Krieger, der gegen die Dämonen seiner Vergangenheit kämpfte. Die Einsamkeit hatte ihn oft in den Abgrund gezogen, doch heute war er entschlossen, seine inneren Kämpfe hinter sich zu lassen. Der Druck, der auf ihm lastete, war enorm, aber er wusste, dass er alles riskieren musste, um zu gewinnen. Mit einem tiefen Atemzug bewegte er seine Figur, ein strategischer Zug, der seine Absicht verdeutlichte: Er war bereit, alles zu geben.

Die ersten Züge waren gemacht, und die Spannung zwischen den beiden Spielern war greifbar. Morphy und Fischer waren nicht nur Rivalen, sie waren Spiegelbilder ihrer eigenen Ängste und Ambitionen. Während Morphy seine Züge mit einer Mischung aus Leidenschaft und Präzision plante, war Fischers Strategie von einer kühlen Berechnung geprägt. Jeder Zug war ein Schritt in einem Spiel, das weit über die Grenzen des Schachbretts hinausging. Es war ein Kampf um Anerkennung, um Respekt und letztlich um die Freiheit, die sie beide suchten.

Die Zuschauer hielten den Atem an, als die ersten kritischen Momente des Spiels sich entfalteten. Morphy setzte auf seine gewohnte Aggressivität, versuchte, Fischer in die Defensive zu drängen. Doch Fischer war vorbereitet; er hatte die Züge seines Gegners studiert und wusste, wie er kontern konnte. Mit jedem Zug, den sie machten, schien die Zeit stillzustehen. Die Figuren auf dem Brett wurden zu Zeugen eines Kampfes, der nicht nur um den Sieg, sondern auch um die Seele der Spieler geführt wurde.

Die Spannung stieg, als Morphy einen riskanten Zug wagte, der seine Strategie offenlegte. Fischer reagierte blitzschnell, sein Gesicht blieb jedoch unbewegt. In seinem Inneren tobte ein Sturm; er wusste, dass jeder Fehler fatale Konsequenzen haben könnte. Die Schattenzüge, die im Hintergrund agierten, schienen die Fäden des Spiels zu ziehen, und sowohl Morphy als auch Fischer waren sich der Manipulationen bewusst, die sie umgaben. Diese Gedanken nagten an ihnen, während sie sich auf das konzentrierten, was vor ihnen lag.

Die Minuten vergingen, und die Intensität des Spiels nahm zu. Morphy spürte, wie der Druck auf seinen Schultern lastete, während er die nächsten Züge abwog. Er war nicht nur ein Spieler; er war ein Symbol für den unermüdlichen Geist des Schachs, ein Kämpfer, der für seine Freiheit und seine Überzeugungen einstand. Fischer hingegen war ein Meister der Isolation, dessen innere Dämonen ihn ständig herausforderten. In diesem Moment waren sie beide gleichwertig, zwei Giganten, die um die Vorherrschaft kämpften.

Das Spiel entwickelte sich zu einem psychologischen Wettkampf, in dem jeder Zug mehr bedeutete als nur eine einfache Bewegung auf dem Brett. Die Zuschauer spürten die Anspannung, die in der Luft lag, und jeder Zuschauer war sich bewusst, dass dieses Duell weitreichende Folgen haben würde. Morphy und Fischer waren nicht nur Spieler; sie waren Protagonisten in einem Drama, das die Grenzen des Schachs sprengte und die Essenz des menschlichen Kampfes verkörperte.

Als die Zeit verstrich, war klar, dass dies nicht nur ein Spiel war. Es war ein entscheidender Moment in der Geschichte des Schachs, ein Kampf um Freiheit, Identität und die Suche nach dem eigenen Platz in einer Welt voller Herausforderungen. Die nächsten Züge würden nicht nur den Ausgang des Spiels bestimmen, sondern auch die Schicksale der beiden Männer, die sich am Schachbrett gegenüberstanden, für immer verändern.

17.2 Opfer und Triumphe am Schachbrett

Die Anspannung im Turniersaal war greifbar, jeder Atemzug schien schwer von der Erwartung, die in den Herzen der Zuschauer und Spieler pulsierte. Paul Morphy saß am Schachbrett, seine Augen fixierten die Figuren, die vor ihm auf dem Brett standen. Der Raum war erfüllt von gedämpften Stimmen, dem Rascheln von Notizen und dem gelegentlichen Klirren von Gläsern, während die Zuschauer gebannt auf das Geschehen starrten. Doch in diesem Moment war Morphy nicht nur ein Spieler; er war ein Mann, der um seine Träume kämpfte, um Ruhm und Anerkennung, während die Schattenzüge im Hintergrund ihre manipulativen Fäden zogen.

Mit jedem Zug, den Morphy machte, spürte er das Gewicht der Erwartungen auf seinen Schultern. Samuel Duval, sein Mentor, hatte ihm oft gesagt, dass Schach mehr sei als nur ein Spiel – es sei eine Kunstform, eine Möglichkeit, die Welt zu verstehen. Doch in diesem Moment war es auch ein Kampf gegen die eigenen Dämonen. Morphy dachte an die Herausforderungen, die ihn geprägt hatten, an die Rückschläge, die ihn beinahe gebrochen hätten. Und doch war da diese unbändige Leidenschaft, die ihn antrieb, die ihn dazu brachte, jeden Tag aufs Neue zu kämpfen.

Währenddessen saß Bobby Fischer am anderen Ende des Saals, sein Blick war durchdringend, als er die Züge von Morphy beobachtete. Fischer fühlte sich wie ein Schatten, der immer hinter Morphy her war, und die Einsamkeit, die ihn umgab, wurde unerträglich. Er wusste, dass er sich nicht nur gegen Morphy behaupten musste, sondern auch gegen die inneren Stimmen, die ihm sagten, dass er niemals gut genug sein würde. Die Manipulationen der Schattenzüge hatten auch ihn erreicht, und die Zweifel nagten an seinem Selbstvertrauen. In seinem Kopf tobte ein Sturm aus Angst und Wut, während er versuchte, seine Gedanken zu ordnen und sich auf das Spiel zu konzentrieren.

Plötzlich geschah etwas Unerwartetes. Während Morphy einen entscheidenden Zug machte, spürte er einen kurzen Moment der Unsicherheit. Ein flüchtiger Gedanke schoss ihm durch den Kopf: Was, wenn alles, was er erreicht hatte, nur eine Illusion war? Was, wenn die Schattenzüge ihn von Anfang an manipuliert hatten, um ihre eigenen Ziele zu erreichen? Diese Gedanken waren wie ein Schatten, der über ihn fiel, und für einen Augenblick zögerte er. Die Figuren auf dem Brett schienen sich zu bewegen, als ob sie ihm zuflüsterten, ihn herausforderten, die Wahrheit zu erkennen.

In diesem Moment der Unsicherheit blitzen Erinnerungen in Morphys Geist auf – an seine Kindheit in New Orleans, an die Menschen, die ihn unterstützt hatten, und an die Kämpfe, die er überwinden musste. Er dachte an Duval, der ihm immer wieder Mut gemacht hatte, und an die Momente, in denen er sich verloren fühlte. Doch die Liebe zum Schach war stärker als jede Manipulation. Morphy atmete tief ein, ließ die Zweifel hinter sich und konzentrierte sich auf das Spiel. Er wusste, dass er jetzt nicht aufgeben konnte. Der Preis des Ruhms war hoch, aber die Belohnung war es wert.

Fischer, der die Veränderung in Morphys Haltung bemerkte, spürte einen Anflug von Nervosität. Was, wenn Morphy tatsächlich die Kontrolle über das Spiel zurückgewann? Die Schattenzüge hatten ihn gelehrt, dass Schwäche ausgenutzt werden konnte, und jetzt, wo Morphy sich sammelte, fühlte Fischer, wie die Kontrolle über sein eigenes Schicksal zu entgleiten drohte. Er musste handeln, bevor es zu spät war. In einem verzweifelten Versuch, die Oberhand zu gewinnen, entschied er sich, eine riskante Strategie zu verfolgen, die er lange zurückgehalten hatte. Es war ein Spiel um Ruhm und Macht, und die Schattenzüge beobachteten jeden Schritt.

Die Zeit verging, und die Spannung im Raum stieg ins Unermessliche. Jeder Zug wurde von den Zuschauern mit angehaltenem Atem verfolgt. Morphy und Fischer waren nicht nur Rivalen, sie waren auch Gefangene ihrer eigenen Ambitionen und der Manipulationen, die sie umgaben. Als die Figuren auf dem Brett weiter fielen, wurde klar, dass die Enthüllungen, die während des Spiels ans Licht kamen, nicht nur die Rivalität zwischen ihnen beeinflussen würden, sondern auch die Geheimnisse, die sie bisher verborgen gehalten hatten. Die Themen von Wahrheit und Täuschung schwebten über dem Spiel, während beide Spieler mit den Konsequenzen ihrer Entscheidungen konfrontiert wurden.

17.3 Der hohe Preis des Sieges

Eine bedrückende Stille erfüllte den Raum, während Paul Morphy und Bobby Fischer sich gegenüberstanden, gefangen in einem Netz aus Erwartungen und Ängsten. Die Schachfiguren auf dem Brett wirkten wie stumme Zeugen ihrer inneren Kämpfe, während die Schattenzüge im Hintergrund ihre Fäden zogen. Morphy, dessen Blick fest auf das Brett gerichtet war, spürte das Gewicht der Entscheidungen, die er treffen musste. Jeder Zug könnte nicht nur den Ausgang des Spiels, sondern auch sein Schicksal bestimmen.

Die Erinnerungen an die letzten Monate überfluteten ihn. Rückschläge, die seine Karriere bedrohten, und die ständige Manipulation durch die geheimnisvolle Organisation hatten ihn an den Rand des Abgrunds gebracht. Er hatte alles gegeben, um zu gewinnen, doch der Preis war hoch. Freunde verloren, Beziehungen zerbrochen – was bedeutete Ruhm, wenn man die Menschlichkeit dafür opfern musste? Die Frage nagte an ihm, während er seine nächste Bewegung überlegte.

Auf der anderen Seite des Brettes saß Bobby Fischer, dessen innere Dämonen ihn ebenso quälten. Die Einsamkeit war sein ständiger Begleiter, ein Schatten, der ihn selbst in den hellsten Momenten verfolgte. Er hatte für diesen Augenblick gelebt, aber zu welchem Preis? Die Isolation, die ihn umgab, war eine doppelte Klinge – sie gab ihm die Kraft, sich auf das Spiel zu konzentrieren, aber sie raubte ihm auch die Freude am Sieg. Fischer fühlte sich gefangen in einem Labyrinth aus Strategien und Taktiken, und die Wände schlossen sich um ihn.

Die Gedanken an Mira Takagi, die talentierte Schachspielerin, die ihm so viel bedeutete, schossen ihm durch den Kopf. Ihre Unterstützung war ein Lichtstrahl in seiner Dunkelheit, doch die Schattenzüge hatten auch sie ins Visier genommen. Die Loyalität, die sie ihm entgegenbrachte, war ein kostbares Gut, das er nicht verlieren wollte. Doch konnte er sie wirklich beschützen, während er gegen die Kräfte kämpfte, die sowohl ihn als auch Morphy manipulierten?

In diesem entscheidenden Moment wurde beiden Spielern klar, dass der wahre Preis des Sieges nicht nur in den Trophäen lag, die sie gewinnen konnten, sondern in den Opfern, die sie bringen mussten. Morphy erinnerte sich an Samuel Duval, seinen Mentor, der ihm immer wieder gesagt hatte, dass Schach mehr sei als nur ein Spiel – es sei eine Kunstform, die das Leben widerspiegelte. Doch in dieser Kunst waren die Farben oft blass und die Linien verschwommen. Was blieb, war die Suche nach einem Platz in einer Welt, die von Intrigen und Machtspielen geprägt war.

Die Figuren auf dem Brett schienen sich zu bewegen, als ob sie das Echo ihrer Gedanken widerspiegelten. Morphy atmete tief ein und entschied sich, den ersten Schritt zu machen. Er setzte einen Bauern vor, ein kleiner, aber bedeutender Zug, der die Richtung des Spiels ändern könnte. Fischer beobachtete aufmerksam, seine blauen Augen funkelten vor Entschlossenheit. Er wusste, dass jede Entscheidung, die sie jetzt trafen, weitreichende Konsequenzen haben würde.

Die Spannung zwischen den beiden Männern war greifbar, und die Zuschauer im Raum hielten den Atem an. Jeder Zug war ein Spiel um Macht und Kontrolle, und die Schattenzüge beobachteten jeden Schritt. Morphy und Fischer waren nicht nur Gegner; sie waren auch Gefangene eines Spiels, das weit über das Schachbrett hinausging. Die Fragen, die sie sich stellten, waren universell: Was war der Preis für Ruhm? Was waren sie bereit zu opfern, um zu gewinnen?

Als die ersten Züge gemacht wurden, spürten beide Spieler die Last ihrer Entscheidungen. Morphy dachte an die verlorenen Freundschaften, an die Momente, in denen er sich allein gefühlt hatte, und an die Schatten, die ihn verfolgten. Fischer hingegen dachte an die Liebe, die er nicht zulassen konnte, und an die Einsamkeit, die ihn immer wieder einholte. Beide wussten, dass sie nicht nur um den Titel kämpften, sondern auch um ihre Seelen.

Das Kapitel endete mit einem Gefühl der Ungewissheit. Die Zuschauer warteten gespannt auf den Ausgang des Spiels, während Morphy und Fischer sich in einem emotionalen Sturm befanden. Der Preis des Sieges war hoch, und die kommenden Konflikte würden alles verändern. In der schillernden Welt des Schachspiels, wo jeder Zug über Sieg oder Niederlage entschied, war der wahre Kampf erst am Anfang.

18
Ein neues Kapitel

18.1 Reflexion über den Preis des Ruhms

Die Dämmerung umhüllte die Stadt wie ein sanfter Schleier, während Paul Morphy und Bobby Fischer in ihren eigenen, isolierten Universen gefangen waren. In den stillen Augenblicken, wenn die Schachbretter unbespielt blieben und das Raunen der Zuschauer verstummte, begannen sie, über den Preis des Ruhms nachzudenken. Morphy, das Wunderkind aus New Orleans, spürte den drückenden Druck der Erwartungen, die schwer auf seinen Schultern lasteten. Jeder Sieg war ein Schritt näher zum Ruhm, doch zugleich auch ein Schritt weiter weg von der Unbeschwertheit seiner Kindheit. Die Erinnerungen an sonnige Tage, an denen er sorglos mit Freunden spielte, schienen ihm wie ein ferner Traum.

Fischer hingegen, der einsame Krieger des Kalten Krieges, saß in einem düsteren Raum, umgeben von den Schatten seiner eigenen Gedanken. Einsamkeit war sein ständiger Begleiter, und während er an seinen Partien feilte, spürte er die Kälte der Isolation, die ihn umgab. Er hatte den Titel des Weltmeisters angestrebt, doch zu welchem Preis? Die Beziehungen zu seinen Freunden und seiner Familie waren zerbrochen, und die Menschen, die ihm einst nahe standen, schienen nun wie Gespenster in seiner Erinnerung.

Beide Männer waren Meister ihres Fachs, doch ihre Wege waren von unterschiedlichen Herausforderungen geprägt. Morphy war von Ehrgeiz getrieben, ein Erbe zu hinterlassen, das die Schachwelt für immer verändern würde. Er wollte nicht nur gewinnen; er strebte danach, die Kunst des Schachspiels zu revolutionieren. Doch je mehr er erreichte, desto mehr fühlte er sich von den Erwartungen erdrückt. Die Schatten der Zweifel schlichen sich in seine Gedanken, und oft fragte er sich, ob der Ruhm, den er suchte, wirklich das war, was er wollte.

Fischer, der in der Dunkelheit kämpfte, stellte sich seinen inneren Dämonen. Die Einsamkeit, die ihn umgab, war nicht nur eine physische Abwesenheit von anderen, sondern auch eine emotionale Distanz, die ihn von sich selbst trennte. Er war ein Genie, ja, aber das Gefühl, anders zu sein, machte ihn verletzlich. In seinen Momenten der Reflexion erkannte er, dass der Preis des Ruhms oft die eigene Seele kostete. Die schmerzhafte Erkenntnis, dass jeder Sieg auch einen Verlust bedeutete, nagte an ihm.

Während sie in ihren Gedanken versunken waren, schien die Welt um sie herum stillzustehen. Morphy dachte an die ersten Turniere, die er gespielt hatte, an die Aufregung und die Freude, die ihn damals erfüllt hatten. Er erinnerte sich an die Unterstützung seines Mentors Samuel Duval, der ihm nicht nur die strategischen Feinheiten des Spiels beigebracht hatte, sondern auch die Bedeutung von Freundschaft und Loyalität. Doch jetzt, da er auf dem Gipfel seines Erfolgs stand, fühlte er sich oft allein, als ob die Menschen um ihn herum nur für den Ruhm da waren, den er repräsentierte.

Fischer hingegen dachte an Mira Takagi, die talentierte Schachspielerin, die in sein Leben getreten war. Ihre Beziehung war komplex, durchzogen von Loyalität und der ständigen Frage, ob er sie in seine Welt des Schachs einlassen konnte, ohne sie zu verlieren. Er wusste, dass er sie brauchte, um die Dunkelheit zu vertreiben, die ihn umgab, doch die Angst vor dem Verlust ließ ihn zögern. Die Einsamkeit war ein vertrauter Feind, aber die Liebe war ein unbekanntes Terrain, das er fürchtete zu betreten.

Die Schattenzüge, die geheimnisvolle Organisation, die im Hintergrund agierte, schienen die Fäden ihrer Schicksale zu ziehen. Morphy und Fischer waren nicht nur Spieler in einem Wettkampf; sie waren auch Figuren in einem Spiel, das von Mächten manipuliert wurde, die sie nicht vollständig verstanden. Die Spannungen zwischen ihnen wuchsen, während die Schattenzüge ihre Intrigen spinnten, und die beiden Männer mussten sich entscheiden, ob sie weiterhin gegeneinander antreten oder gemeinsam gegen die unsichtbaren Kräfte kämpfen wollten, die sie bedrohten.

In diesem Moment der Reflexion erkannten Morphy und Fischer, dass der Preis des Ruhms nicht nur in Trophäen und Titeln gemessen werden konnte. Es war auch der Verlust von Beziehungen, der Kampf gegen innere Dämonen und die ständige Suche nach Identität in einer Welt, die oft grausam und unberechenbar war. Die Herausforderungen, die vor ihnen lagen, waren nicht nur die des Schachbretts, sondern auch die der Seele. Und während die Dämmerung sich über die Stadt legte, wussten sie, dass sie sich den Schatten stellen mussten, um ihren Platz in der Schachwelt zu finden.

18.2 Morphy und Fischer: Ein unerwartetes Ende

Erinnerungen hingen schwer in der Luft, als Paul Morphy und Bobby Fischer sich in einem kleinen, schummrigen Raum gegenüberstanden. Der Tisch zwischen ihnen war nicht nur ein Schachbrett, sondern auch ein Symbol für die Rivalität, die ihre Leben geprägt hatte. Beide Männer waren von Ehrgeiz getrieben, doch die Entscheidungen, die sie getroffen hatten, führten sie auf unerwartete Wege. Während die Schattenzüge im Hintergrund ihre Fäden zogen, schien die Zeit stillzustehen, während sie sich den Herausforderungen stellten, die das Schachspiel und das Leben für sie bereithielten.

Paul Morphy, der einst als das Wunderkind von New Orleans gefeiert wurde, fühlte das Gewicht der Erwartungen auf seinen Schultern. Sein unermüdlicher Antrieb, der ihn zu Ruhm und Ehre geführt hatte, war nun von Zweifeln und Ängsten überschattet. Er erinnerte sich an die Tage, als er mit kindlicher Unschuld die Schachwelt eroberte, als jeder Sieg ein Triumph war und jede Niederlage eine Lektion. Doch jetzt, in diesem entscheidenden Moment, war er sich nicht sicher, ob er die Person war, die die Schachwelt verdient hatte. Seine Gedanken wanderten zu Samuel Duval, seinem Mentor, dessen Weisheit und Unterstützung ihm immer einen klaren Weg gezeigt hatten. Doch die Schattenzüge hatten auch Duvals Einfluss geschwächt, und Morphy fühlte sich allein in einem Spiel, das er einst mit Leichtigkeit beherrschte.

Bobby Fischer hingegen kämpfte mit seinen eigenen Dämonen. Die Einsamkeit, die ihn umgab, war erdrückend. Jeder Schritt, den er auf dem Weg zum Schachmeister machte, war von inneren Konflikten begleitet. Er hatte sich oft gefragt, ob der Preis des Ruhms es wert war, die Beziehungen zu opfern, die ihm einst wichtig waren. Mira Takagi, die talentierte Schachspielerin, die sein Herz berührt hatte, war eine ständige Erinnerung an das, was er verloren hatte. Ihre Loyalität stand auf der Kippe, und Fischer wusste, dass er sich entscheiden musste, ob er seine Ambitionen über seine Gefühle stellen wollte. In diesen entscheidenden Momenten war die Einsamkeit sein treuester Begleiter, und die Schattenzüge schienen ihn in einem Netz aus Manipulation und Kontrolle gefangen zu halten.

Als die beiden Spieler ihre ersten Züge machten, war die Spannung im Raum greifbar. Morphy und Fischer waren nicht nur Gegner; sie waren Spiegelbilder ihrer eigenen Kämpfe. Jeder Zug war ein Ausdruck ihrer inneren Konflikte, ein Kampf zwischen Ehrgeiz und Menschlichkeit. Morphy, der einst mit Leichtigkeit die besten Spieler besiegt hatte, fand sich jetzt in einem Spiel wieder, das nicht nur um Schach, sondern auch um das Überleben seiner Identität ging. Fischer, der sich gegen die Einsamkeit aufbäumte, sah in jedem Zug die Möglichkeit, seine innere Dunkelheit zu besiegen.

Die Schattenzüge, die im Hintergrund agierten, waren nicht nur eine Bedrohung für die beiden Spieler, sondern auch für die gesamte Schachwelt. Helena von Wirth, die manipulative Anführerin dieser geheimnisvollen Organisation, hatte ihre eigenen Pläne. Sie wusste, dass die Rivalität zwischen Morphy und Fischer ihr Spiel beeinflussen konnte. Indem sie die beiden Spieler gegeneinander ausspielte, konnte sie die Kontrolle über das Schachspiel übernehmen. Morphy und Fischer waren nicht nur Figuren auf dem Schachbrett; sie waren Teil eines viel größeren Spiels, das von Macht und Intrigen geprägt war.

In einem entscheidenden Moment, als die Spannung ihren Höhepunkt erreichte, wurden die Entscheidungen, die beide Spieler getroffen hatten, offensichtlich. Morphy, der in der Vergangenheit oft als der strahlende Held angesehen wurde, begann zu erkennen, dass der Ruhm nicht das war, was er sich erhofft hatte. Fischer, der einsame Krieger, sah, dass seine Kämpfe ihn nicht nur isoliert hatten, sondern auch dazu führten, dass er die Menschen um sich herum verlor. Die Themen von Erinnerung und Verlust wurden verstärkt, als sie sich fragten, ob der Preis des Erfolgs es wert war, die Menschlichkeit zu opfern.

Das unerwartete Ende ihrer Rivalität zeichnete sich ab, als sie sich der Realität ihrer Entscheidungen stellten. Die Schattenzüge hatten sie manipuliert, aber die wahre Herausforderung lag in ihrem Inneren. In diesem Moment des Wandels mussten sie entscheiden, ob sie weiterhin als Rivalen oder als Verbündete agieren wollten. Die Antwort auf diese Frage würde nicht nur ihr Schicksal bestimmen, sondern auch das Schicksal der Schachwelt, die sie einst so leidenschaftlich geliebt hatten.

18.3 Der Schatten der Vergangenheit bleibt bestehen

Als die Dämmerung über die Straßen von New Orleans fiel, saß Paul Morphy in seinem kleinen, bescheidenen Zimmer, umgeben von Schachfiguren und Notizen. Der Duft von frischem Papier und Tinte vermischte sich mit der feuchten Luft, die durch das offene Fenster strömte. Den ganzen Tag hatte er an seinen Strategien gearbeitet, doch sein Geist war unruhig. Erinnerungen an vergangene Turniere, an Siege und Niederlagen, verfolgten ihn wie Geister aus einer anderen Zeit. In diesem Moment wurde ihm bewusst, dass die Schatten seiner Vergangenheit nicht einfach verschwinden würden.

Die Herausforderungen seiner Jugend waren nicht nur Lektionen des Schachspiels gewesen; sie hatten auch seinen Charakter geformt. Jedes verlorene Spiel, jede schmerzhafte Niederlage hatte ihn geprägt, und dennoch schien es, als ob diese Erfahrungen ihn jetzt mehr belasteten als je zuvor. Er dachte an die Worte seines Mentors Samuel Duval, der oft gesagt hatte: "Die größten Kämpfe finden nicht auf dem Brett statt, sondern in unseren Herzen." Paul fühlte sich in diesem Moment von der Last seiner eigenen Erwartungen erdrückt.

Währenddessen kämpfte Bobby Fischer in Brooklyn mit seinen eigenen Dämonen. Die Einsamkeit hatte ihn fest im Griff, und die ständige Angst vor dem Versagen nagte an seinem Selbstbewusstsein. Vor seinem Schachbrett sitzend, waren die Figuren in perfekter Ordnung, doch sein Geist war ein Chaos aus Erinnerungen und Zweifeln. Er erinnerte sich an die Zeiten, als er als Kind mit seinem Vater Schach spielte, und wie der Druck, der von ihm ausging, ihn dazu trieb, besser zu werden. Doch dieser Druck hatte sich in eine lähmende Angst verwandelt, die ihn nun daran hinderte, sein volles Potenzial auszuschöpfen.

Obwohl sie in verschiedenen Städten lebten, waren beide Männer durch ihre Kämpfe miteinander verbunden. Sie waren nicht nur Rivalen auf dem Schachbrett, sondern auch Seelenverwandte, die sich in einem ständigen Kampf um Anerkennung und Identität befanden. Die Vergangenheit hatte sie geprägt, und die Narben, die sie hinterlassen hatte, waren tief. Morphy kämpfte darum, die Erwartungen seiner Zeitgenossen zu erfüllen, während Fischer sich gegen die Einsamkeit und den Druck wehrte, der mit seinem Genie einherging.

In den stillen Stunden der Nacht, wenn die Welt um sie herum zur Ruhe kam, fanden beide Männer Trost in ihren Gedanken. Paul schloss die Augen und stellte sich vor, wie er eines Tages die Schachwelt revolutionieren würde. Doch der Gedanke an seine Rückschläge ließ ihn nicht los. Er fragte sich, ob er wirklich der große Meister werden könnte, für den alle ihn hielten. Diese Zweifel nagten an ihm, und die Erinnerungen an gescheiterte Partien schienen wie Schatten über ihm zu fallen.

Fischer hingegen fand sich in einem Strudel aus Verzweiflung und Hoffnung wieder. Er wusste, dass er das Talent hatte, um die Weltmeisterschaft zu gewinnen, doch die ständige Angst vor dem Versagen ließ ihn nicht zur Ruhe kommen. Die Erinnerungen an seine ersten Erfolge waren verblasst, und stattdessen blieben ihm die Momente des Scheiterns in schmerzhafter Klarheit im Gedächtnis. Er fühlte sich gefangen zwischen dem Wunsch, zu gewinnen, und der Angst, alles zu verlieren.

Als die Nacht fortschritt, begannen die beiden Männer, sich ihren Ängsten zu stellen. Paul öffnete sein Schachbuch und begann, die Züge seiner vergangenen Spiele zu analysieren. Er wusste, dass er aus seinen Fehlern lernen musste, um weiterzukommen. Fischer hingegen nahm einen tiefen Atemzug und beschloss, sich seinen inneren Dämonen zu stellen. Er wollte nicht länger in der Dunkelheit leben; er wollte die Kontrolle über sein Leben zurückgewinnen.

Die Schatten der Vergangenheit blieben bestehen, aber sie waren nicht mehr die gleichen. Paul und Bobby hatten die Möglichkeit, ihre Geschichten neu zu schreiben. Sie standen an einem Wendepunkt, an dem die Entscheidungen, die sie jetzt trafen, nicht nur ihre Schicksale, sondern auch die Zukunft des Schachspiels beeinflussen würden. Während sie sich auf die bevorstehenden Herausforderungen vorbereiteten, spürten sie eine Mischung aus Ungewissheit und Vorfreude. Der Kampf um Ruhm und Anerkennung war noch lange nicht vorbei, und die nächsten Züge würden entscheidend sein.

In der faszinierenden Welt des Schachspiels, wo jeder Zug über Ruhm und Ehre entscheidet, entfaltet sich die packende Geschichte zweier außergewöhnlicher Talente: Paul Morphy, das Wunderkind aus New Orleans des 19. Jahrhunderts, und Bobby Fischer, der einsame Krieger des Kalten Krieges aus Brooklyn. Beide Männer sind von unermüdlichem Ehrgeiz getrieben und streben nach dem ultimativen Titel im Schach – dem Titel des Weltmeisters. Doch hinter dieser Rivalität lauert eine geheimnisvolle Organisation namens „Die Schattenzüge", angeführt von der charismatischen Helena von Wirth. Sie manipuliert das Schicksal beider Spieler mit skrupelloser Präzision und verfolgt ihre eigenen Interessen im Verborgenen. Während Morphy für den Ruhm kämpft, wird Fischer von seinen inneren Dämonen gequält – einer Einsamkeit, die ihn an den Rand des Wahnsinns treibt. Im Verlauf der Erzählung entwickelt sich eine komplexe Beziehung zwischen Morphy und seinem loyalen Mentor Samuel Duval, der ihm sowohl strategische Einblicke als auch emotionale Unterstützung bietet. Auf Fischers Seite steht Mira Takagi, eine brillante Schachspielerin mit einem eigenen Geheimnis; ihre Loyalität wird auf eine harte Probe gestellt zwischen Pflicht und Liebe. Der Konflikt eskaliert nicht nur am Schachbrett, sondern auch in den Seelen der Protagonisten: Welchen Preis müssen sie für ihren Triumph zahlen? Ist es der Verlust ihrer Menschlichkeit oder das Versagen persönlicher Beziehungen? Inmitten dieser intensiven Auseinandersetzung entfaltet sich ein psychologisches Drama voller Intrigen und Manipulationen. Als die Spannung steigt und die Schattenzüge ihre Macht demonstrieren, stehen Morphy und Fischer vor entscheidenden Entscheidungen, die ihr Leben für immer verändern könnten. Die Geschichte kulminiert in einem Moment voller Enthüllungen und innerer Kämpfe – ein Wendepunkt, an dem alles auf dem Spiel steht. Mit einem eindringlichen Blick auf Ehrgeiz, Identität und das Streben nach Unsterblichkeit verspricht diese Erzählung mehr als nur einen Wettkampf um den Titel; sie ist eine tiefgehende Exploration menschlicher Psyche in einer Welt voller Herausforderungen. Der Leser wird in einen Strudel aus Emotionen gezogen und erlebt ein Spiel, das weit über das Schachbrett hinausgeht.

© 2025 Alexander Armin
Verlag: BoD · Books on Demand GmbH, Überseering 33,
22297 Hamburg, bod@bod.de
Druck: Libri Plureos GmbH, Friedensallee 273, 22763 Hamburg
ISBN: 978-3-8192-4642-5